Büfetts

Gut vorbereiten
Ausgelassen feiern
Entspannt genießen

Büfetts

Gut vorbereiten
Ausgelassen feiern
Entspannt genießen

Autorinnen: Margit Proebst und Christa Schmedes
Fotos: Klaus-Maria Einwanger

Inhalt

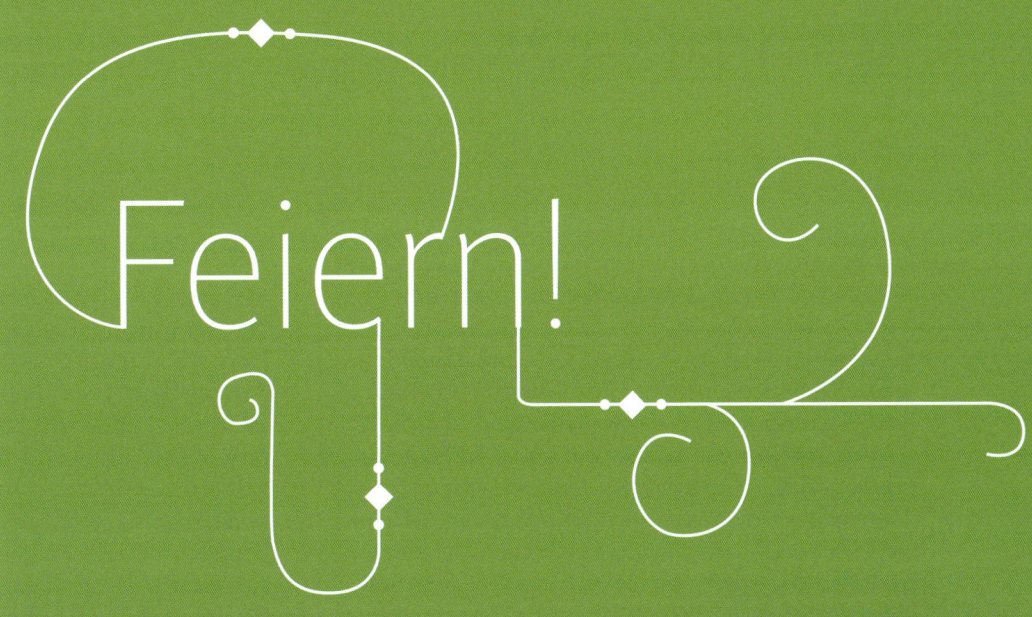

Feiern!

Ein entspanntes Treffen

mit der Familie oder Freunden, die Sie lange nicht mehr gesehen haben, mit guten Gesprächen, fröhlichem Lachen – wo wäre das besser möglich als im eigenen gemütlichen Zuhause. Wenn's dabei köstliches Essen und feinen Wein gibt, dann ist für beste Stimmung gesorgt. Der unschlagbare Vorteil eines Büfetts für Sie als Gastgeber: Wenn Ihre Gäste eintreffen, steht alles fertig und einladend angerichtet bereit. Ihre Arbeit ist so gut wie getan, und Sie können entspannt mitfeiern. Erheben Sie das Glas. Stoßen Sie an auf ein gelungenes Fest und zufriedene Gäste.

Schöne Feste – gewusst wie

Ein guter Gastgeber zu sein, ist gar nicht so schwer. Mit etwas Planung kriegen Sie das sicher hin!

Sie haben sich verlobt, ein Kind hat Taufe oder ein runder Geburtstag steht an? Das Wetter ist seit Tagen stabil hochsommerlich, das Erntedankfest ist in Sicht oder in den Schaufenstern locken schon die Weihnachtsdekorationen? Oder haben Sie einfach Lust auf ein großes, schönes Fest? Dann laden Sie sich doch Gäste ein zur Verlobungs- oder Hochzeitsfeier im Familienkreis, zur Geburtstagsparty mit vielen Freunden, zum Sommerfest im Grünen, zum herbstlichen Thanksgiving-Büfett oder zum gemütlichen Adventskaffee mit Punsch und Plätzchen.

Starten Sie gleich mit der Planung. Denn was gibt es Schöneres, als mit netten Leuten zu feiern und sie mal wieder so richtig zu verwöhnen.

Wo soll gefeiert werden?

Stehparty oder Festtagstafel? Das ist die allererste Frage. Die Antwort: Kommt ganz drauf an! Auf den Platz in Ihrer Wohnung zum Beispiel. Zählen Sie durch und überschlagen Sie, ob Sie für alle Gäste Tischplätze haben. Ja? Dann können Sie aus dem Vollen schöpfen: Fingerfood-Büfett, kaltes Büfett mit Suppe und Salaten, ein kalt-warmes Büfett – alles ist möglich. Tischplätze gibt es nicht genug, dafür bekommen Sie aber genügend Sitzgelegenheiten auf dem Sofa, auf Kissen und Stühlen zusammen? Dann sind Fingerfood und alle Gerichte, die mit Gabel oder Löffel gegessen werden können, passend. Sie wohnen in einem Apartment, Sitzplätze gibt's nur für wenige? Dann ist eine Stehparty angesagt: Wählen Sie Fingerfood, Löffelsnacks und bereits portionierte Suppen, Salate und Desserts in Gläschen und Tassen.

Die nächste Frage: Wer wird dabei sein? Zum Familienessen mit den Kindern und den Großeltern ist ein schön gedeckter Tisch die bessere Wahl. Für eine große Runde mit Freunden und/oder Kollegen kann eine Stehparty oft sinnvoller, weil kommunikativer, sein: Im Laufe des Festes wechseln alle mal die Plätze und kommen so mit jedem ins Gespräch.

Fürs Sommerfest im Freien schließlich können Sie Biertische und -bänke mieten, alle können dann gemütlich sitzen. (Planen Sie unbedingt eine Alternative für den Fall ein, dass die Festgesellschaft durch einen Platzregen ins Haus gespült wird!)

Für die Büfettvorschläge in diesem Buch kommen Sie im Normalfall mit dem Platz in Ihrer Privatwohnung aus. Ihr Wohnzimmer ist klein? Dann reichen Sie den Aperitif vielleicht im Flur und die Gäste verteilen sich später auf Küche und Wohnzimmer. Enge ist selten ein Problem, sondern schafft oft sogar eine besonders gemütliche Atmosphäre. Zu große Räume sind schon eher problematisch. Verlieren sich nur wenige Gäste in einem riesigen Saal, kann das auf die Stimmung drücken. Wenn Sie sich entschließen, in einem größeren Rahmen zu feiern (und dafür einen der Büfettvorschläge von den Seiten 182–185 verwirklichen), lesen Sie auf Seite 187, wo Sie passende Räumlichkeiten mieten können.

Was gibt's genau zu essen?

Alles Wissenswerte über die richtige Speisenauswahl bei der Büfettzusammenstellung lesen Sie auf Seite 10 und 11. Sie bewirten nicht allzu oft viele Gäste? Dann ist ein Büfett ideal. Sie können das Meiste schon vorher zubereiten, und wenn Ihre Gäste da sind, ist der Löwenanteil der Arbeit getan. Halten Sie sich genau an die Rezepte und die Arbeitspläne, dann klappt's und Ihr Fest wird ein voller Erfolg, versprochen!

Wen lade ich ein?

Bei vielen Anlässen ergibt sich die Auswahl der Gäste ganz von alleine: Taufe oder Erstkommunion feiern Sie im Familienkreis mit den Paten. Um auf einen Geschäftsabschluss anzustoßen, laden Sie alle daran Beteiligten ein. Bei einem runden Geburtstag wird's schon schwieriger. Soll man ausschließlich im Freundeskreis feiern? Oder die Familie mit hinzubitten? Wie hält man es mit den Arbeitskollegen? Muss ich gleich die ganze Abteilung einladen? (Nein, das müssen Sie nicht! Geben Sie in der Arbeit eine Runde Kaffee und Kuchen oder Sekt und Häppchen aus, das genügt. Die Kollegen, mit denen Sie befreundet sind, kommen natürlich auch auf Ihre private Feier.)

Haben Sie und viele Ihrer Freunde Kinder? Dann stellt sich immer die Frage: mit oder ohne? Sollen die Kinder dabei sein, laden Sie am besten zum Brunch oder schon zum frühen Abend ein. Und denken Sie beim Büfettplan daran, dass auch die Kleinen einiges zur Auswahl haben. Saucen und Desserts sollten keinen Alkohol enthalten. Ein anderes Thema, das bei der Zusammenstellung der Gästeliste wichtig ist: Gibt es unter den Gästen welche, die sich nicht leiden können? Was bei einem Essen in kleiner Runde zur Qual werden kann, weil sich zwei entweder anschweigen oder noch schlimmer, streiten, ist bei größeren Festen meist kein Problem. Da kann man sich gut aus dem Weg gehen. Das frisch geschiedene Paar oder die Arbeitskollegen, die gerade im Streit liegen, möchten vielleicht nicht aufeinandertreffen. Um peinliche Situationen zu vermeiden, legen Sie in solchen Fällen unbedingt offen, wer sonst noch eingeladen ist.

Wann lade ich ein?

Für manche Feste wie Osterbrunch, Thanksgiving-Büfett oder Silvesterparty ist der Termin klar. Ein paar Ihrer Wunschgäste sind auch anderweitig sehr gefragt? Dann schicken Sie die Einladung schon sechs Wochen vorher raus. Geburtstage und Jubiläen feiert man üblicherweise an oder einige Tage nach dem entsprechenden Termin (z. B. am darauf folgenden Samstag). Was aber, wenn Sie an Heiligabend Geburtstag haben? Oder im August, wenn alle Welt in Urlaub ist? Dann geben Sie doch eine Silvesterparty, bei der Ihr Geburtstag nachgefeiert wird. Oder Sie laden zum Spätsommerfest Anfang September ein, wenn alle braun gebrannt und gut gelaunt wieder da sind. Beides sollten Sie rechtzeitig ankündigen, sprich ca. vier Wochen vorher.

Bei terminunabhängigen Einladungen können Sie bei Gästen, die in keinem Fall fehlen sollen, schon mal telefonisch vorfühlen und eventuell den Festtermin danach ausrichten. Fürs Fest mit Kollegen beispielsweise kann es sinnvoll sein, zwei bis drei Termine zur Auswahl zu stellen, um sich dann für den Tag zu entscheiden, an dem die meisten Zeit haben. Vier bis sechs Wochen sind dafür eine gute Vorlaufzeit.

Anruf genügt oder doch Einladungskarte?

Zur spontanen Landpartie mit Picknick, zum Grillfest mit guten Freunden oder zum Sonntagsessen mit der Familie laden Sie persönlich oder telefonisch ein. Ist der Anlass offizieller (z. B. Ihr runder Geburtstag, ein Jubiläum oder ein anderes Fest, bei dem nicht nur die engsten Freunde dabei sein sollen), schicken Sie eine schriftliche Einladung. Sie kommunizieren mit den Gästen häufig per E-Mail? Dann dürfen Sie das auch hier tun. Die meisten Computer haben heute Programme, mit denen sich was Passendes gestalten lässt. Was aber soll in der Einladung stehen? In jedem Fall das:

◆ **Wer** (Sie alleine, als Ehepaar oder als Gruppe) lädt,
◆ **warum** (was wird gefeiert – z. B. der Geburtstag),
◆ **wozu** (z. B. Osterbrunch, Thanksgiving-Büfett),
◆ **wann** (an welchem Tag, um welche Uhrzeit?) und
◆ **wohin** (Ort des Festes) ein.

Lassen Sie niemanden im Unklaren darüber, ob es sich um einen kleinen Umtrunk mit Häppchen oder um ein abendfüllendes Fest mit Büfett handelt. Für eine kurze Stehparty mit Fingerfood geben Sie in Ihrer Einladung deshalb auch das Ende der Veranstaltung an:
»… lade ich Sie am … von 18–20 Uhr zu einem kleinen Umtrunk mit Fingerfood in mein Büro in der Goethestraße ein.«
Bitten Sie zum Schluss Ihrer schriftlichen Einladung um eine rechtzeitige Rückmeldung, damit Sie planen können. Statt des förmlichen U. A. w. g. (um Antwort wird gebeten) fügen Sie besser den etwas verbindlicheren Satz hinzu: »Bitte sagen Sie/sagt mir bis zum soundsovielten (10–14 Tage vor dem Fest) Bescheid, ob Ihr kommen könnt. Ich freue mich auf Euch!«

Das gibt
es zu essen

Was möchten Sie Ihren Gästen denn Feines servieren? Das kommt ganz auf Ihr Fest an!

Dem Anlass gemäß

Das Speisenangebot auf Ihrem Büfett sollte zunächst einmal zum Anlass passen. Für den kleinen Umtrunk mit Kollegen darf es raffinierte Snacks geben, allzu Aufwendiges und Kostspieliges kann protzig wirken. Besondere Feste verlangen jedoch besondere Genüsse: Zum runden Geburtstag oder zum Jubiläum werden Sie vielleicht Edleres auftischen wollen und dazu Ihr ganzes Können zeigen. Ob Sie sich für ein Fingerfood-Büfett, ein kaltes Büfett mit Suppe vorweg oder für ein kalt-warmes Büfett entscheiden, hängt neben dem Anlass immer auch von Ihrem Platzangebot ab (siehe Seite 8).

Die Jahreszeit beachten

Im Frühling sind Spargel und Erdbeeren die Favoriten. Nach dem Winter hat man außerdem Lust auf knackiges Gemüse und frische Kräuter. Im Sommer sind leichte Salate und Gegrilltes angesagt, aber auch feine Fischspezialitäten (wie beim Skandinavischen Büfett, ab Seite 120) schmecken draußen im Freien besonders gut. Im Herbst und Winter schließlich bevorzugen die meisten warme Gerichte, die auch mal etwas üppiger ausfallen dürfen. Ein kaltes Büfett sollte dann zumindest ein wärmendes Süppchen beinhalten.

Wie viel Vorbereitungszeit haben Sie?

Überschlagen Sie, wie viel Zeit Sie für die Vorbereitung des Festes zur Verfügung haben. Die Büfetts in diesem Buch sind alle so zusammengestellt, dass einige Kernstücke bereits 1–2 Tage vorher vorbereitet werden können. Beim Osterbrunch, Familienfest-Büfett und Thanksgiving-Büfett, die Sie am Vormittag oder mittags auftischen, wurde besonders darauf geachtet, dass Sie mit den Vorbereitungen am Festtag nicht im Morgengrauen starten müssen. Beachten Sie das auch unbedingt bei der Zusammenstellung Ihres individuellen Büfetts! Kombinieren Sie mehrere Gerichte, die gut vorzubereiten sind, mit einigen schnellen und nur wenigen aufwendigen Speisen.

Beurteilen Sie Ihr Können!

Die Rezepte in diesem Buch sind alle präzise beschrieben und gelingsicher. Dennoch sollte, wer sehr wenig Küchenpraxis hat, die komplizierteren Rezepte eventuell vorher ausprobieren. Im Zweifelsfall lassen Sie die Terrine weg, kaufen dafür einen fertigen Ersatz und konzentrieren sich auf andere Gerichte, die Sie wirklich gut können. Schließlich soll alles gelingen und am Festtag keine Hektik aufkommen!

Wer feiert mit?

Davon hängen natürlich die Mengen ab, die Sie vorbereiten müssen. Kinder und ältere Gäste essen im Allgemeinen weniger als junge Männer. Sind Vegetarier in der Runde? Dann sollten Sie das berücksichtigen. Wissen Sie um die Allergien Ihrer Gäste? Dann vermeiden Sie die entsprechenden Inhaltsstoffe in möglichst vielen

Kleine Mengenlehre

◆ **Zum kleinen Umtrunk mit Fingerfood:** (ca. 2 Stunden): Pro Person 5–7 Häppchen

◆ **Abendfüllendes Fingerfood-Büfett:** Pro Person ca. 12 Häppchen (inklusive Mini-Salat oder Suppe im Glas, kleine Desserts)

◆ **Kaltes Büfett:** Pro Person 200 g Fleisch oder Fisch, ca. 100 g Dips und Saucen, 200–250 g verschiedene Salate, 150 g Dessert, 50 g Käse, 150 g Brot

◆ **Kaltes Büfett mit Suppe:** Pro Person 1–2 Canapés zum Aperitif, 150–200 ml Suppe, 100 g Terrine oder Fisch, 80–100 g Fleisch, 50 g Dips oder Saucen, 200–250 g Salate, 100–150 g Dessert, 100 g Brot

◆ **Kalt-warmes Büfett:** Pro Person 150–200 ml Suppe, 100 g Salate, 80 g Terrine oder Pastete, 150–250 g Fleisch, 250 g Gemüsebeilagen, 50 g Reis oder 60 g getrocknete Nudeln (roh gewogen) oder 200 g frische Nudeln oder 200 g Kartoffeln als Beilage, 100 g cremiges und 100 g fruchtiges Dessert, 50 g Käse (nach Belieben), 75 g Brot

Liste 2 fürs Frische

Gemüse, Obst, Kräuter, Fleisch und sonstige frische Waren kaufen Sie ein bis zwei Tage vor dem Fest ein. Überprüfen Sie dabei besonders die Rezepte, die bereits 1–2 Tage vor dem Fest zubereitet werden können, und entscheiden Sie, wann was dafür am besten besorgt werden soll.

Liste 3 fürs Leichtverderbliche

Fisch und Hackfleisch sollten möglichst am Tag des Kaufs verarbeitet werden. Sie kommen deshalb auf die Liste für die Last-Minute-Einkäufe am Festtag. Das gleiche gilt für das Brot. Bestellen Sie diese letzten Zutaten möglichst vor, dann müssen Sie in den Geschäften nicht unnötig warten. Sie können am Festtag unmöglich noch den Fisch besorgen? Dann kaufen Sie ihn am Vortag, lassen Sie ihn im Fischgeschäft auf Eis packen und lagern ihn im kältesten Teil des Kühlschranks (auf der Platte über dem Gemüsefach). Hackfleisch können Sie sich zur Not beim Metzger vakuumieren lassen (ohne Luft haben Bakterien geringere Chancen, aktiv zu werden).

Alles klar?

Der erste Einkauf ist erledigt, Sie haben aber das eine oder andere vergessen oder nicht bekommen? Dann setzen Sie es mit auf die nächste Liste und kümmern sich beim nächsten Einkauf darum. Lassen Sie sich nicht, wenn Sie nicht sehr erfahren im Kochen sind, zu spontanen Planänderungen hinreißen. Halten Sie sich exakt an Ihre Listen, dann kann überhaupt nichts schief gehen. Klingt pedantisch und langweilig? Mag sein, aber selbst die Profis gehen so vor!

Eine Käseplatte als Retter in der Not

Ihre Gäste sind ganz hingerissen von den Leckereien auf Ihrem Büfett und greifen kräftiger zu als erwartet? Zu Ihrem Fest sind überraschend ein paar mehr Leute erschienen als eingeladen waren? Für diese Fälle sind Käse, Obst und Brot Gold wert! Kaufen Sie den Käse in großen Stücken (die Sie, falls sie doch nicht zum Einsatz kommen, gut einfrieren können), dazu ein Glas Feigen- oder Quittensenf und Obst: Neben Trauben passen auch Birnen, Feigen und Physalis sehr gut zu Käse. Ebenfalls lecker dazu sind Pistazien, Walnüsse und Salzmandeln. An Brot kaufen Sie 2–3 Baguettes oder Ciabatte zum Fertigbacken auf Vorrat. Beobachten Sie, dass sich das Büfett merklich leert, schieben Sie das Brot in den Backofen, richten Sie den Käse, (gewaschenes) Obst und die Nüsse auf einem Brett an und servieren den Senfdip dazu.

Gerichten. Auch Alkohol in den Speisen ist ein heikles Thema: Sind Kinder mit von der Partie, ist er ohnehin tabu, Sie sollten zumindest eine alkoholfreie Variante in petto haben. Insgesamt sollte ein Büfett eine ausgewogene Mischung an Fisch, Fleisch und Vegetarischem bieten. Von der Menge her soll es nicht nach kurzer Zeit bereits abgeräumt sein, Sie müssen aber auch nicht tagelang Reste essen. Bei den Büfetts in diesem Buch wurde das berücksichtigt. Wenn Sie Ihr Büfett selbst planen, finden Sie im Kasten auf Seite 10 einige Richtwerte.

Wann kaufe ich was ein?

Der Büfettplan steht? Dann machen Sie sich an die Einkaufslisten. Sie lesen richtig: nicht Liste, sondern Listen. Legen Sie sich drei davon an: Eine für die haltbaren Zutaten – die kaufen Sie ca. 1 Woche vorher ein. Eine für die frischen Zutaten – die besorgen Sie 1–2 Tage vorher. Und eine für die Last-Minute-Einkäufe, die am Festtag frisch beschafft werden müssen. Gehen Sie anhand der Rezepte Ihre Vorräte durch und schreiben Sie das Fehlende, nach diesen Kriterien sortiert, auf die Listen.

Liste 1 fürs Haltbare

Lebensmittel wie Dosen, Tiefkühlprodukte und Abgepacktes mit langer Haltbarkeit können Sie schon eine Woche vorher einkaufen. Bei der Gelegenheit kaufen Sie auch gleich die Getränke oder geben beim Lieferservice die Bestellung auf. Auch Milchprodukte oder Abgepacktes aus der Kühltheke haben eine gewisse Haltbarkeit, die können eventuell ebenfalls frühzeitig besorgt werden. Denken Sie bei der Planung aber an Ihre Kühlschrankkapazität! Wenn der Platz bereits im Alltag kaum ausreicht, müssen Sie anders planen als jemand, der einen Zweitkühlschrank im Keller hat.

An den Vortagen erledigen

Der große Tag rückt näher. Die folgenden Arbeiten können Sie schon einige Tage vorher erledigen.

Geschirr, Besteck und Gläser überprüfen

Welches Geschirr ist vorgesehen? Reichen die Gläser? Bei der Planung des Festes hatten Sie schon mal grob überschlagen, ob Sie für Ihr Fest alles haben. Sichten Sie Ihre Bestände genauer. Jetzt lässt sich bei Bedarf noch in aller Ruhe Ersatz organisieren. Sie wollten sich eine Terrinenform oder eine Nudelmaschine ausleihen? Schreiben Sie's auf die Liste, damit Sie es nicht vergessen. Wo war noch mal die Suppenterrine? Ach ja, die steht auf dem Speicher. Ebenso wie die großen Platten, die Sie fürs große Familienessen brauchen. Vielleicht müssen auch nur die lange nicht benutzten Sektgläser durchgespült oder das Silber auf Hochglanz poliert werden?

Die Deko

Wie sieht es mit dem Dekomaterial aus? Sind die Tischdecken und Servietten, die Sie verwenden möchten, sauber? Die Blumen für den Tischschmuck sollten vorbestellt werden, damit sie am Festtag nur abgeholt werden müssen. Zum Gartenfest hätten Sie gerne Papierservietten in den italienischen Landesfarben, Kräutertöpfchen und Windlichter? Für die Silvesterparty müssen noch silberfarbene Luftschlangen und Utensilien zum Bleigießen geholt werden? Die Teelichter fürs Warmhaltegeschirr werden nicht ausreichen. Und, und, und… Vor einem Fest gibt es jede Menge solcher »Kleinigkeiten« zu erledigen. Schreiben Sie diese Dinge auf und besorgen Sie alles zusammen. Das spart Zeit und Nerven!

Lebensmittel und Getränke einkaufen

Die haltbaren Lebensmittel haben Sie schon letzte Woche eingekauft. Ein oder zwei Tage vorher sind die frischen Lebensmittel dran. Wann genau Sie los müssen, hängt davon ab, welche Speisen Sie in der Kategorie »2 Tage vorher« oder »1 Tag vorher« eingeplant haben. Die Getränke hatten Sie bestellt, sind die schon geliefert? Wie wollen Sie die am Festtag kühlen? Müssen noch Kühlboxen her oder wollten Sie Eis besorgen? Gehen Sie im Geiste den Ablauf Ihres geplanten Fests durch, es fallen Ihnen bestimmt noch ein paar Sachen ein.

Haltbare Speisen zubereiten

Wenn Sie einen der Büfettpläne in diesem Buch übernommen oder selber ähnlich klug geplant haben, dann steht zwei Tage vor dem Fest die Zubereitung von einigen Speisen an. Planen Sie genügend Zeit dafür ein. Die Einkäufe dafür sind erledigt? Prima! Dann machen Sie sich an die Arbeit. Sie gewinnen dadurch eine Menge Zeit am Festtag, an dem noch genug zu tun sein wird. Es steigert übrigens auch die Vorfreude aufs Fest: Bald ist es so weit. Schön, dass die Plätzchen für den Adventskaffee gebacken sind, dass der Lachs fürs Skandinavische Büfett gebeizt oder das Roastbeef fürs Asienbüfett gebraten ist. Es gibt Ihnen garantiert ein gutes, sicheres Gefühl, wenn eine Hauptattraktion Ihres Büfetts schon fertig ist. Diese Posten können Sie auf Ihrer Liste abhaken und der Kopf ist frei für die nächsten Vorbereitungen.

To-do-Listen

Sie haben gesehen, dass genaue Einkaufslisten ungemein hilfreich sind? Dann schreiben Sie sich auch für alle am jeweiligen Tag anstehenden Arbeiten eine Liste. Sie haben heute etwas nicht geschafft? Übertragen Sie es auf die nächste To-do-Liste und erledigen Sie es morgen! Versuchen Sie so wenig wie möglich auf den Festtag zu verschieben. Die Zubereitung der Speisen wird Sie noch genügend in Anspruch nehmen.

Sie meinen, eine generalstabsmäßige Planung wie diese sei bei Ihrem Fest nun wirklich nicht nötig? Schließlich erwarten Sie ja nicht die englische Königin. Klar, für das spontane Grillfest reicht ein Einkaufszettel. Kein Problem, wenn Sie beim Eintreffen der Gäste noch mit der Vorbereitung der Salate beschäftigt sind. Tische, Bänke und Grill bauen die Freunde gerne mit auf und das Ganze hat den Charme des Spontanen. Dagegen ist nichts einzuwenden, das sind oft die schönsten Feste! Fürs große Familienfest, bei dem Sie glänzen möchten (und zwar nicht vor Schweiß), ist eine gute Planung und perfekte Organisation das A und O. Dann klappt am Festtag alles wie am Schnürchen. Sie sind rechtzeitig mit allen Arbeiten fertig und empfangen Ihre Gäste frisch geduscht und voller Vorfreude. So wird's auch für Sie als Gastgeber/in ein tolles, entspanntes Fest und der Applaus Ihrer Gäste ist Ihnen sicher.

Am Vortag des Festes

Damit die Zeit morgen nicht knapp wird, erledigen Sie vieles schon heute.

Die Büfetts in diesem Buch enthalten immer einige Gerichte, die sich am Vortag vorbereiten lassen. Dann haben Sie's am Tag des Festes ein wenig leichter. Gut, wenn Sie darauf auch bei Ihrer individuellen Büfett-zusammenstellung geachtet haben (siehe »Das gibt es zu essen«, Seite 10). Neben der Zubereitung einiger Speisen können Sie heute sonst noch einiges erledigen, das morgen nur unnötig Zeit kosten würde. Sie müssen

Ihre Wohnung ein wenig umräumen, um Platz für das Büfett zu schaffen? Dafür ist jetzt der richtige Zeitpunkt. Und den Büfetttisch können Sie auch schon mal auf-bauen und dekorieren.

Einkaufen und Speisen vorbereiten

Heute kommt der zweite Einkaufszettel für die frischen Lebensmittel an die Reihe: Fisch, Fleisch, Salat, Gemüse, Kräuter … Vermutlich wird nicht alles in den Kühl-schrank passen. Fleisch und Fisch sollten Sie dort unter-bringen, Gemüse und Salat (mit einem feuchten Tuch abgedeckt) halten bis morgen auch an einem kühlen Ort durch. Falls Sie morgen noch etwas brauchen (Hack-fleisch zum Beispiel, das ausschließlich frisch verarbeitet werden sollte), bestellen Sie es vor. Das Gleiche gilt fürs Brot. Dann müssen Sie morgen nicht Schlange stehen, sondern nur kurz in die jeweiligen Läden springen. Heute bereiten Sie außerdem die Speisen zu, die für den Vortag vorgesehen sind. Planen Sie genug Zeit dafür ein!

Was gibt es heute sonst zu tun?

Der Tisch fürs Büfett ist aufgebaut? Decken Sie ihn auch gleich ein (eventuell mit Aufbauten, wenn Sie das mögen) und überlegen Sie, welche Speisen morgen wohin sollen. Was es dabei zu beachten gilt, lesen Sie auf Seite 19. Teller, Besteck und Servietten können sofort ihren Platz einnehmen. Die Verteilung der Speisen pro-bieren Sie mit den leeren Schüsseln und Platten aus. Legen Sie auch das passende Vorlegebesteck gleich be-reit, das vergisst man manchmal.
Ist wie für das Brunch-Büfett oder das Familienfest-Büfett eine gedeckte Tafel vorgesehen, so decken Sie auch die schon am Vorabend ein. Falls an dem Tisch noch gefrühstückt werden muss, stellen Sie zumindest alles Nötige (Geschirr, Besteck, Gläser, Servietten, Deko) bereit, damit es morgen schnell geht.

Letzte To-do-Liste schreiben

Auch wenn's schon spät ist und Sie eigentlich keine Lust mehr haben: Ergänzen Sie die letzte Liste für morgen um alle Posten, die noch zu erledigen sind. Die können Sie dann morgen zügig Punkt für Punkt abarbeiten. Die Zubereitung der Speisen in der richtigen Reihenfolge der zu erledigenden Arbeiten wird den Hauptteil ausmachen. Doch Sie müssen auch noch etwas einkaufen, das Brot abholen oder Crushed Ice (zerstoßenes Eis) besorgen? Sie haben Blumen für die Deko bestellt, die abgeholt werden müssen? Sie haben gerade bemerkt, dass Ihr Korkenzieher nicht funktioniert? Da kann vielleicht jemand einen mitbringen. Aufschreiben, das gehört alles auf die Liste! Dann vergessen Sie morgen nichts und alles wird wie am Schnürchen klappen.

Hilfe, wohin mit all den Sachen?

Am Vortag und am Festtag ist der Kühlschrank meist proppenvoll. Was also tun, wenn die fertigen Gerichte eigentlich auch dort untergebracht und gekühlt werden müssten? Bringen Sie die empfindlichsten Sachen (Meeresfrüchte, Salate oder Dips mit Mayonnaise und Eiern, cremige Desserts) im Kühlschrank unter. Bei allem Übrigen genügt es, es kühl zu stellen. Das kann im kühlen Keller sein, im Notfall auch in einem unbeheizten Raum in der Wohnung. Decken Sie alle Speisen vorher sorgfältig mit Klarsichtfolie ab (Ausnahme Gebackenes, siehe Seite 16). Besonders sahne- und milchhaltige Speisen wie Saucen, Dips und Desserts ziehen Kühlschrankgerüche an. Nicht schön, wenn die Ricottacreme nach der Fischterrine schmeckt, weil sie die Nacht nebeneinander im Kühlschrank verbracht haben!

Letzte Vorbereitungen

Bringen Sie noch geschwind die Gästetoilette auf Hochglanz. Und dann, falls es in Ihrem Flur eine verwirrende Anzahl an Türen gibt und Sie sehr viele Gäste erwarten, kennzeichnen Sie die Toilettentür. Räumen Sie die Garderobe frei oder richten Sie für morgen eine Ablage ein, zum Beispiel im Schlafzimmer.
Denken Sie auch an eine kleine Ablage für die Geschenke, Sie bekommen garantiert welche. Haben Sie außerdem ein paar Blumenvasen bereitgestellt? Wenn morgen viele Gäste zeitgleich eintreffen, muss das Blumen-Versorgen zügig gehen!
Wie sieht es mit der Musik aus? Eine angenehme, leise Musikuntermalung bereichert jedes Fest. Überlegen Sie, was passen könnte (zum Anlass, zum Essen, zu Ihren Gästen) und legen Sie die entsprechenden CDs bereit.

Checkliste für den Vortag

◆ Haben Sie alles eingekauft? Fehlendes auf den letzten Einkaufszettel schreiben.

◆ Sind die Getränke kalt gestellt, die Gläser kontrolliert und die »Bar« samt Flaschenkühler und Korkenzieher aufgebaut?

◆ Ist der Büfetttisch aufgebaut und eingedeckt? Teller, Besteck und Servietten sind platziert? Sie wissen, welche Speisen morgen wo hin sollen?

◆ Ist der Tisch gedeckt? Einschließlich Kerzen, Deko etc. (frische Blumen eventuell noch auf die Liste von morgen setzen)?

◆ Wo soll der Aperitif serviert werden? Dafür eine Abstellfläche schaffen und die Aperitif-Gläser gleich dort aufbauen.

◆ Wo sollen die Geschenke hin? Sind die Blumenvasen griffbereit?

◆ Haben Sie Platz für die Garderobe geschaffen?

◆ Ist für passende Musik gesorgt?

◆ Sind alle Speisen, die für heute vorgesehen waren, zubereitet, abgedeckt und kühl gestellt?

◆ Sie wissen, was Sie zum Fest anziehen werden? Legen Sie sich alles zurecht – morgen kurz vor Eintreffen der Gäste muss es schnell gehen!

◆ Die To-do-Liste für morgen ist geschrieben oder ergänzt? Alles erledigt? Prima, dann schlafen Sie gut und freuen Sie sich auf morgen!

Feinarbeiten – am Tag des Festes

Heute ist es also so weit! Bis Ihre Gäste eintreffen, haben Sie jede Menge zu tun.

Sie haben am Vorabend die letzte To-do-Liste geschrieben, auf der alle erforderlichen Arbeiten in der sinnvollen Reihenfolge aufgeführt sind. Die Liste hängt vor Ihnen am Küchenschrank? Legen Sie sich einen Stift parat. Es ist ein gutes Gefühl, nach und nach alles bereits Erledigte durchzustreichen.

In welcher Reihenfolge gehe ich vor?

So banal und doch so wichtig: Was länger stehen darf, kommt zuerst dran, was nur frisch schmeckt, bereiten Sie ganz zum Schluss zu. Manche Speisen müssen noch ein wenig durchziehen, andere verlieren geschmacklich oder optisch, wenn sie zu lange vorher zubereitet werden. Beim Arbeitsplan für Ihr individuell zusammengestelltes Büfett sollten Sie das bedenken. Gewisse Kompromisse sind bei einem umfangreichen Büfett aber immer erforderlich: Sicher schmecken Canapés frisch belegt am besten. Aber Sie können nicht alles in der letzten Stunde machen. Auf einer Platte angerichtet und mit Klarsichtfolie abgedeckt halten sie sich locker 2–3 Stunden frisch.

Der Teig für die Quiche muss 1 Stunde ruhen? In der Zwischenzeit bereiten Sie schon mal den Belag vor. Es ist noch ein Viertelstündchen Zeit? Dann natürlich nicht Däumchen drehen, sondern gleich mit dem nächsten Gericht beginnen. Staffeln Sie die Arbeiten also möglichst sinnvoll hintereinander. Ein weiteres Beispiel: Es wird Verschiedenes im Backofen zubereitet? Dann planen Sie alles so, dass der Ofen zwischendurch nicht abkühlt.

Wenn Sie sich entschieden haben, eines der Büfetts exakt nachzumachen, übernehmen Sie einfach den Arbeitsplan dort. Für Ihr selbst zusammengestelltes Büfett machen Sie sich im Vorfeld Gedanken, welche Reihenfolge die beste ist. Je seltener Sie für viele Personen kochen, umso wichtiger ist ein exakter Arbeitsplan! Aber selbst für »alte Hasen« gilt: Gut geplant ist halb gekocht! Schließlich wollen Sie Ihre Gäste nicht erschöpft und gestresst empfangen, sondern mit einem entspannten Lächeln. Es wird Zeit anzufangen? Dann mal los!

Wohin mit den fertigen Speisen?

Blätterteiggebäck, Gemüsekuchen und Co. müssen nicht kühl gestellt werden. Die können Sie gleich, wenn sie abgekühlt sind, auf den dafür vorgesehenen Platten anrichten und aufs Büfett stellen. Decken Sie Gebäck und pikante Kuchen nicht mit Klarsicht- oder Alufolie ab, das raubt ihnen die Knusprigkeit. Legen Sie zum Schutz einfach ein sauberes Küchentuch darüber.

Salate, die noch ein wenig durchziehen sollen, dürfen ebenfalls – mit Klarsichtfolie abgedeckt – direkt ihren Platz einnehmen. Bei empfindlichen Salaten stellen Sie das Dressing und eventuell das Knuspertopping daneben und mischen alles kurz vor der Büfetteröffnung. Über das Thema Kühlstellen haben wir schon ausführlich gesprochen (siehe Seite 15). Viele Gerichte wie Salate, Käse und cremige Desserts schmecken allerdings zu kalt nicht. Sie entfalten bei Zimmertemperatur ihr bestes Aroma. Denken Sie daran, sie rechtzeitig wieder aus der Kühlung zu holen.

Plan B

Auch dem besten Koch kann mal was danebengehen: Sie haben die Blätterteigteilchen im Ofen vergessen, und die sind nun verkohlt? Weg damit! Toll, wenn Sie einen passenden Ersatz im Tiefkühlfach haben. Falls nicht, ist das auch kein Weltuntergang, die Büfetts sind auch ohne reichlich bestückt. Und für solche Notfälle haben Sie eventuell noch Käse und Brot in petto (siehe Seite 11).

Sie haben vergessen, eine wichtige Zutat einzukaufen? Ehe Sie in den nächsten Supermarkt spurten: Überlegen Sie noch einmal ganz genau, ob Sie sonst wirklich alles da haben. Es wäre zu ärgerlich, wenn später noch was anderes fehlte. Damit Sie die Arbeit nicht unterbrechen müssen, kann vielleicht ein Familienmitglied oder ein Freund die Besorgung erledigen?

Der Pürierstab gibt just heute den Geist auf? Eventuell hat Ihre Nachbarin Ersatz? Falls nicht, lässt sich die Suppe mit dem Kartoffelstampfer zerkleinern, das Pesto geht auch im Mörser oder Blitzhacker. Mit etwas Improvisationstalent bekommen Sie das alles hin. Doch die kleinen Pannen kosten Zeit. Bemessen Sie die Vorbereitungszeit deshalb immer großzügig und fangen Sie rechtzeitig an!

Wie viel Zeit muss ich einplanen?

Wir haben bei den Büfetts darauf verzichtet, definitive Gesamtzubereitungszeiten für den Tag des Geschehens anzugeben. Das hat einige Gründe: Erstens werden Sie vielleicht nicht einen Büfettvorschlag exakt und komplett so übernehmen, wie wir ihn konzipiert haben. Zweitens: Wer häufig für viele Personen kocht, ist natürlich flinker. Und drittens: Während die Zutat für ein Gericht kocht, können Sie, wie besprochen, schon mal mit dem nächsten beginnen. Wenn Sie also die einzelnen, bei den Rezepten angegebenen Zubereitungszeiten addieren, ist das großzügig gerechnet. Addieren Sie zur errechneten Zeit trotzdem mindestens 2 Stunden. Sie müssen eventuell noch frische Sachen wie Brot oder Hackfleisch besorgen. Während des Tages muss mal Zeit für eine kleine Pause sein. Außerdem müssen Sie am Ende die Küche wieder in Ordnung bringen, unter die Dusche springen und sich umziehen. Das heißt, bauen Sie großzügige Zeitpuffer ein!
Zum Ende wird die Zeit trotzdem furchtbar knapp? Im Notfall verzichten Sie einfach auf eine noch geplante Speise. Alle Büfetts sind so großzügig bemessen, dass dennoch niemand hungrig bleiben wird. Und schließlich weiß keiner, dass es noch diesen Salat oder jene Häppchen geben sollte. Außer, Sie haben bereits einen Menüplan geschrieben oder ausgedruckt.

Menüplan ja oder nein?

Beim Fest mit der Familie oder im Freundeskreis ist er nicht nötig. Bei der Eröffnung des Büfetts erläutern Sie die Speisen kurz, geben dabei gleich Hinweise für die Allergiker: In diesem Gericht ist Fisch drin, jenes ist nichts für den Milchallergiker …
Bei einem kalt-warmen Büfett, bei dem Sie immer mal abwesend, weil in der Küche mit den nächsten Speisen beschäftigt sind, ist ein Menüplan ganz sinnvoll. Wohlklingende Namen für die Gerichte sind erlaubt, lyrische Bezeichnungen wie »Süßer Traum« oder »Frühlingsüberraschung« sind nicht wirklich hilfreich. Der Vegetarier soll erfahren, dass sich in der Füllung Speck verbirgt, und der Nussallergiker, dass der Dip Walnüsse enthält.

Büfett aufbauen

Im Laufe des Tages können Sie die fertigen Speisen, die nicht gekühlt werden müssen, nach und nach aufs Büfett stellen. Gut, wenn Sie sich schon am Vorabend Gedanken gemacht haben, was wo stehen soll. Wo sind Teller, Besteck und Servietten am besten platziert, in welcher Reihenfolge werden die Speisen angeordnet? All das erfahren Sie auf Seite 19.

Kurz vor Ankunft der Gäste

Sie sind frisch geduscht, gestylt und erwartungsfroh? Wunderbar! Dann lüften Sie noch einmal kurz durch. Nehmen Sie jetzt auf dem Büfett die Folien und die Tücher von den Speisen und mischen Sie eventuell das Dressing unter den Salat. Prüfen Sie noch einmal, ob alles an seinem Platz ist: Teller, Besteck und Servietten? Hat jede Speise das entsprechende Vorlegebesteck? Steht das Brot an seinem Platz? Da fehlt noch ein Löffel im Dip? Dann schnell ergänzen. Zünden Sie die Kerzen an und stellen Sie schon mal den Aperitif bereit. Gleich wird's turbulent. Auf ein vergnügliches Fest!

Das Büfett –
perfekt aufbauen

Schön und einladend soll es aussehen,
Ihr Büfett, und praktisch muss es sein.
So bauen Sie es am besten auf.

Platzieren Sie das Büfett bei großen Festen mit vielen
Gästen wenn möglich so, dass es von zwei Seiten begeh-
bar ist. Ein Tisch der in den Raum ragt, verhindert den
»Stau« am Büfett. Bei einer überschaubaren Gästezahl
(bis 15 Personen), wie für die in diesem Buch beschrie-
benen Büfetts, ist auch ein längs an die Wand gerücktes
Büfett kein Problem. Die Getränke sollten aber immer
separat stehen (siehe Seite 20).

Welcher Tisch eignet sich fürs Büfett?

Wenn Sie keinen passenden Tisch haben, greifen Sie auf
einen Tapeziertisch zurück. Oder – besser, weil stabiler –
Sie leihen sich Biertische aus und rücken zwei davon zusammen, um eine ausreichend große Fläche zu gewinnen. Wenn Sie die Tische hübsch verkleiden, bemerkt
keiner den profanen Unterbau.
Zum Abdecken verwenden Sie große Tischtücher, Bett-
laken oder Dekostoffe, die es in Warenhäuser immer
wieder zu Spottpreisen als Meterware gibt. Auch eine
Lacktischdecke (bekommen Sie in Dekogeschäften)
leistet gute Dienste. Sie eignet sich auch perfekt fürs
Getränkebüfett, weil ihr Tropfen und Flecken nichts
anhaben können.
Wenn Sie Ihr Büfett mit Aufbauten strukturieren möchten, verwenden Sie dazu stabile Schachteln oder dicke
Bücher und breiten das Tuch so darüber aus, dass sich
ein hübscher Faltenwurf und ansprechende Stellflächen
ergeben.

Wie halte ich es mit der Deko?

Blumenschmuck oder zum Beispiel auch Kräutertöpfchen sehen zwar sehr dekorativ aus, wirklich nötig sind
sie auf einem üppig bestückten Büfett aber nicht. Vielleicht entscheiden Sie sich doch besser für eine große
Schale mit (gewaschenem!) Obst? Falls Sie auf Blumen
nicht verzichten möchten, nehmen Sie solche, die nicht
zu stark duften. Kerzen gehören auf die Tische oder
Fensterbank. Am Büfett besteht die Gefahr, dass man
sich daran verbrennt.

Wie arrangiere ich die Speisen?

Gehen Sie das Büfett im Geiste durch. Was brauche ich
als Gast zuerst? Richtig, einen Teller. Einen Stapel davon
stellen Sie an den Anfang. Besteck und Servietten können Sie wahlweise gleich dazulegen oder am Ende neben
dem Brot platzieren.
Was die Anordnung der Platten und Schüsseln betrifft,
lassen Sie sich von der klassischen Speisefolge leiten:
Beginnen Sie mit den Vorspeisen, anschließend arrangieren Sie Salate, Fisch, Fleisch, Vegetarisches und Gebackenes und mit den Desserts und dem Käse setzen Sie den
Schlusspunkt. Sie können sich aber auch von der Optik
leiten lassen und einfach ein hübsches Wechselspiel der
Farben und Formen anstreben. Eines muss allerdings
aus der Platzierung immer klar hervorgehen: Dieser Dip
gehört zum Roastbeef und nicht zum Nachtisch, diese
Gebäckstücke sind süß und kein Knabbergebäck zur
Suppe. Ansonsten ist erlaubt, was gefällt!

Alles auf einmal oder etappenweise?

Ein Finderfood-Büfett und Selbstbedienung am Getränkebüfett ist das Einfachste: Bevor Ihre Gäste eintreffen,
richten Sie alles, inklusive Käse und Dessert, auf dem
Büfett an. Sie müssen nur später mal leere Schüsseln und
Platten abtragen und die Reste wieder appetitlich arrangieren. Sonst können Sie sich entspannt unter die Gäste
mischen. Dafür brauchen Sie ein relativ großes Büfett.
Wenn Sie genug Stellfläche haben, können Sie auch
ein kalt-warmes Büfett komplett aufbauen. Bei weniger
Platz auf dem Büfett bieten Sie Vorspeisen, Hauptgerichte und Desserts nacheinander an.
Es gibt wenig Platz für ein kaltes Büfett mit Suppe?
Dann bauen Sie alle Speisen mit Ausnahme der Suppe
und der Desserts zusammen auf dem Büfett auf. Nehmen Sie kleinere, dafür höhere Schüsseln, und belegen
Sie die Platten in mehreren Lagen. Ein erstes Häpp-
chen bekommen Ihre Gäste vom Tablett zum Aperitif.
Die Suppe reichen Sie, gleich in Gläschen oder Tassen
abgefüllt, danach ebenfalls auf einem Tablett herum.
Dann dürfen sich alle am Büfett laben. Später (nach
ca. 1 1/2 Stunden) arrangieren Sie die Reste der pikanten
Speisen neu und schaffen Platz fürs Dessert.
Bei den zehn Büfetts in diesem Buch, ist jede Variante
dabei. Wählen Sie einfach das, was am besten passt.

Bauen Sie die Getränke mit den Gläsern und allem was dazugehört (Flaschenkühler, Korkenzieher etc.) auf einem separaten Tisch auf, dann gibt es am Büfett kein Gedränge.

Was biete ich zu trinken an?

Rotwein, Weißwein, Wasser (eventuell stilles und sprudelndes) und Saft (z. B. Orangen-, Apfel- und/oder Johannisbeersaft) ist das klassische Angebot, mit dem Sie nie verkehrt liegen. Wissen Sie, dass einige Ihrer Gäste lieber Bier trinken (oder es passt wie beim Skandinavischen Büfett oder beim Grillfest besser zum Essen), dann erweitern Sie das Angebot. Doch lohnt sich wirklich ein kleines Fässchen oder reichen ein paar Flaschen? Sie kennen Ihre Gäste, entscheiden Sie danach. Weißwein zu Fisch und hellem Fleisch, Rotwein zu dunklem Fleisch und Käse – so lautete einst die unumstößliche Regel. So strikt wird das längst nicht mehr gehandhabt. Nach dem Motto »Erlaubt ist, was gefällt oder mundet« trinkt heute jeder das, worauf er Lust hat. Bei einem Büfett, das immer eine bunte Auswahl an Fisch-, Fleisch-, Käse- und vegetarischen Speisen bietet, ist ein Wechsel der Weine nicht unbedingt nötig. Wofür Ihre Gäste sich entscheiden, bleibt ihnen überlassen. Sie finden bei jedem Büfett Tipps, welche Weine dazu besonders gut passen. Beschränken Sie sich auf jeweils eine Sorte, damit Ihre Gäste nicht durcheinandertrinken müssen. Wenn Sie sich nicht gut auskennen, scheuen Sie den Gang zum Weinhändler nicht. Nutzen Sie sein Expertenwissen und lassen Sie sich Weine empfehlen, die zu Ihrem geplanten Büfett passen. Er hat sicher auch immer passable Weine zu günstigen Preisen im Angebot!

Getränke

Zum Auftakt einen Aperitif

Da die Gäste erfahrungsgemäß nach und nach eintreffen, ist der Aperitif ein angenehmer erster Schluck vor der Büfetteröffnung. Die Rezepte für die verschiedenen Drinks und Cocktails finden Sie auf den Seiten 22 und 23. Wenn Ihr Willkommens-Drink Alkohol enthält, sollten Sie Häppchen oder zumindest ein paar kleine Knabbereien dazu reichen. Sie wissen schon: Alkohol auf nüchternen Magen ist nicht empfehlenswert!

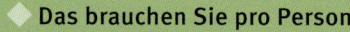

Kleine Mengenlehre

◆ **Das brauchen Sie pro Person:**
1–2 Gläser Sekt
1 Flasche Wein oder 1 l Bier
1 Flasche Wasser
1/2 l Saft
Digestifs nach Belieben

Antialkoholisches

Einige Gäste sind mit dem Auto da, manche mögen, andere vertragen keinen Alkohol – es gibt viele Gründe, warum so mancher lieber auf Prozente im Getränk verzichtet. Besorgen Sie in jedem Fall ausreichend Wasser und Fruchtsaft für Saftschorle.

Zu den exotischen Gerichten des Asienbüfetts und des 1001-Nacht-Büfetts passen auch erfrischende Joghurt-Mixgetränke: Für indisches Lassi mixen Sie 1 kg Joghurt mit 2 TL Salz und 1 l eiskaltem Wasser auf. Für Mango-Lassi schälen Sie 2 reife Mangos und schneiden das Fruchtfleisch vom Stein. Das Fruchtfleisch dann mit 4 EL Limettensaft, 2 EL Zucker, 600 g Joghurt und 1/2 l eiskaltem Wasser aufmixen. Beide Getränke nach Belieben mit Eiswürfeln servieren.

So viel brauchen Sie

Rechnen Sie pro Person 1–2 Gläser Sekt oder Prosecco (1 Flasche enthält 7 Gläser). Dazu brauchen Sie 1 Flasche Wein, 1 Flasche Wasser (eventuell sprudelndes und stilles) und 1/2 Flasche Fruchtsaft (z. B. Orangensaft, Johannisbeersaft und/oder Apfelsaft für Schorle). Am Ende sind das aber nur grobe Richtwerte! An einem heißen Sommertag wird spielend die doppelte Menge Softdrinks, im Gegenzug weniger Wein getrunken. Sind viele Autofahrer und Frauen anwesend, sinkt der Alkoholkonsum, dafür benötigen Sie mehr Wasser und Säfte. Am besten decken Sie sich großzügig ein und vereinbaren mit Ihrem Getränkhändler, dass er volle Getränkekästen zurücknimmt.

Getränke richtig gekühlt

Servieren Sie Sekt und Weißwein immer gut gekühlt (8–10°). Rotwein hingegen entfaltet sein Aroma besser bei (kühler) Zimmertemperatur (ca. 18°). Der Kühlschrank ist an Festtagen meist randvoll mit Speisen. In der kalten Jahreszeit ist es kein Problem, da können Sie alle Getränke, die gekühlt werden müssen, einfach auf den Balkon oder die Terrasse stellen. Sommers wie winters ist ein kühler Keller perfekt. Der ist nicht nur zum Kühlstellen der Speisen ein Segen (siehe Seite 15),

dort können auch Getränke auf Ihren Einsatz warten. Sie haben nichts davon? Nicht verzagen, es geht auch so: Kühlen Sie Weißwein, Sekt und Bier an den Vortagen im Kühlschrank gut vor und legen Sie die Flaschen dann in Isolierkisten aus Styropor. Entnehmen Sie während des Festes immer nur einige Flaschen. Auf dem Büfett leisten Kühlbehälter aus Ton oder Plexiglas gute Dienste. Wasser und Säfte dürfen durchaus langsam Zimmertemperatur annehmen, daran wird sich niemand stören.

Kaffee und Digestif

Sie meinen, Hochprozentiges hilft nach einem üppigen Büfett bei der Verdauung (deshalb auch der Name »Digestif«)? Das ist eine Mär, die Wissenschaft hat das inzwischen widerlegt. Verbuchen Sie das Schnäpschen danach also besser als Genussmittel. Das kann nach dem Familienfest-Büfett oder dem Thanksgiving-Büfett beispielsweise ein Obstbrand wie Birnengeist oder Calvados oder ein Grappa (italienischer Tresterschnaps) sein. Wer es würzig liebt, greift zu einem Kräuterlikör wie Amaro, Averna oder Ramazzotti.

Haben Sie und Ihre Gäste zum Abschluss voraussichtlich noch Lust auf einen Espresso, einen Cappuccino oder einen Latte macchiato? Dann verbauen Sie während des Festes in der Küche nicht den Zugang zur Kaffeemaschine und stellen Sie Tassen, Zuckerdose und Löffel vorher in Griffnähe. Als kleine Knabberei dazu schmecken Amarettini (italienische Mandelmakronen). Nach dem 1001-Nacht-Büfett passt Minztee (Rezept Seite 108), nach dem Asienbüfett grüner Tee oder Jasmintee besonders gut. Auch sie sorgen nach einem reichhaltigen Essen für ein angenehmes, warmes Wohlgefühl im Magen.

Amarettini selber machen

Für 40 Stück 200 g geschälte, gemahlene Mandeln mit 50 g Zucker und etwa 5–6 Tropfen Bittermandelöl vermengen. 2 Eiweiße mit 50 g Zucker steif schlagen und die Mandelmischung unterheben. Mit zwei Teelöffeln Häufchen auf ein mit Backpapier belegtes Backblech setzen und im heißen Backofen bei 150° (Mitte, Umluft 130°) ca. 15 Min. backen. Die Amarettini im abgeschalteten Ofen noch 1 Std. trocknen lassen. Abgekühlt mit Puderzucker bestäuben.

Aperitifs und Cocktails – mit und ohne Alkohol

Bevor es richtig losgeht, heißen Sie Ihre Gäste mit einem Aperitif willkommen.

Ein Gläschen zur Begrüßung stimmt Ihre Gäste auf die kommenden Genüsse ein. Ob mit oder ohne Alkohol – da sollten Ihre Gäste in jedem Fall wählen können. Supereinfach und immer wieder lecker: Jeweils 1 cl **Aperol, Holunderblütensirup** (Rezept Seite 41 oder fertig gekauft) oder **Johannisbeerlikör** (z. B. Cassis) in ein Sektglas geben und mit eisgekühltem trockenem Sekt oder Prosecco auffüllen. Als alkoholfreie bzw. leichtere Variante gießen Sie mit Ginger Ale, Bitter Lemon oder **Limonade** auf (besonders die Geschmacksrichtungen »Ingwer-Orange« und »Holunder«, z. B. von Bionade, eignen sich bestens für Aperitifs und Cocktails).

Erfrischende Sommer-Drinks

Wie wäre es mit einem **Spritz?** 1 cl Aperol mit Eiswürfeln in ein Weißweinglas geben und je zur Hälfte mit trockenem Weißwein und Prosecco aufgießen. Wer weniger Alkohol bevorzugt, ersetzt den Prosecco durch gut gekühltes Mineralwasser. Als alkoholfreie Variante finden Sie in italienischen Feinkostläden »Bitter Kaas« in kleinen konischen Portionsfläschchen (erinnert geschmacklich an Campari Soda): Servieren Sie ihn eisgekühlt mit 1 Scheibe Zitrone.

Nicht ganz billig, aber sehr trendy: Jeweils 1 **Hibiskusblüte in Sirup** (aus dem Feinkostladen oder via Internet bestellt) in Champagnergläser geben und mit Champagner, trockenem Sekt oder mit Ginger Ale aufgießen. Passt ausgezeichnet als Aperitif zum Asienbüfett oder zum Silvesterbüffet.

Vor dem mediterranen oder jedem anderen sommerlichen Büfett schmeckt der Italo-Klassiker **Bellini:** Für 10 Gläser 4 reife Pfirsiche überbrühen und häuten. Das Fruchtfleisch mit 1 EL Puderzucker und 4 EL Zitronensaft pürieren. In Sektgläser verteilen und mit Prosecco oder Zitronenlimonade aufgießen.

Die **Variante mit Mango** mundet vor dem asiatischen oder auch dem 1001-Nacht-Büfett: Das Fruchtfleisch von 2 reifen Mangos mit 4 EL Limettensaft pürieren, in Longdrinkgläser geben und mit Prosecco oder Mineralwasser auffüllen.

Prickelnde Frühlings-Drinks

Wer beim Osterbrunch auf die Waldmeisterbowle verzichtet, kann stattdessen diesen **Erdbeer-Orangen-Drink** servieren: Für 10 Gläser 250 g reife Erdbeeren waschen, putzen und klein schneiden. Mit 1 EL Puderzucker bestreuen, mit 4 EL Orangenlikör beträufeln und 20 Min. ziehen lassen. Dann pürieren und je zur Hälfte mit frisch gepresstem Orangensaft und Ingwer-Orangen-Limonade (z. B. von Bionade) auffüllen.

Variante: Die Erdbeeren mit 2 EL Grenadinesirup (finden Sie im Spirituosenregal im Supermarkt) und dem Saft von 2 Pink Grapefruits pürieren. In Gläser verteilen und mit Prosecco oder alkoholfreiem Sekt aufgießen.

Tropical Drinks

Nicht nur, aber besonders zum Asienbüfett schmeckt dieser **Tropische Frucht-Cocktail:** Für 10 Gläser 2 reife Bananen mit dem Saft von 2 Zitronen und dem Fruchtfleisch von 1/2 Ananas im Mixer fein pürieren. Mit je 1/2 l eisgekühltem Orangen- und Maracujasaft mischen. Mit Orangeneiswürfeln servieren (siehe Eiswürfel-Tipp). Wer einen Schuss Alkohol hinzufügen möchte: Weißer Rum passt gut dazu.

Für eine **kokosnussige Alternative** ersetzen Sie die Bananen durch 250 ml Creme de coconut (aus der Dose, Spirituosenregal im Supermarkt) und mixen alles kräftig auf, bis der Drink leicht schäumt. 1 Schuss Kokoslikör (z. B. Batida de Coco) verleiht dem Drink einen zusätzlichen Geschmackskick.

Fruchtiger Drink

Dieser **Limetten-Beeren-Cocktail** ist ein Hingucker und schmeckt einfach super beim Familienfest-Büfett oder als Aperitif zum Skandinavischen Büfett: Für 10 Gläser 500 g frische gemischte Beeren (Himbeeren, Johannisbeeren, Brombeeren, Heidelbeeren) verlesen, vorsichtig waschen und abtropfen lassen. In einer Schüssel mit 2 EL Puderzucker bestäuben und den Saft von 2 Limetten darüberträufeln. 1 Std. zugedeckt im Kühlschrank ziehen lassen. 2 Bio-Limetten heiß abwaschen, längs halbieren und in Scheiben schneiden. Jeweils 2–3 Limettenscheiben mit 2 EL Beerenmix samt Saft in Longdrinkgläser geben und mit trockenem Sekt, Ginger Ale oder Mineralwasser auffüllen (einen Löffel mit langem Stiel für die Beeren dazugeben). Wer den zusätzlichen Alkohol nicht scheut, setzt die Beerenmischung mit 100 ml Johannisbeerlikör (Cassis) und dem Saft von 1 Limette an (Puderzucker weglassen, der Likör ist süß genug!).

Süßsäuerlicher Drink

Süßsäuerlich, frisch und sehr aromatisch – so könnte man den Geschmack der Cranberrys beschreiben, die seit einiger Zeit unsere Küche bereichern. Sie schmecken auch toll in diesem **Cranberry-Orangen-Drink,** z. B. als Aperitif beim Thanksgiving-Büfett: Für 10 Gläser 250 g Cranberrys (frisch oder TK und aufgetaut) in einem Gefäß mit 2 EL Puderzucker bestreuen. 2 Bio-Orangen heiß abwaschen, die Schale in langen Spiralen abschälen, den Saft auspressen. Saft und Schale und 4 EL Orangenlikör (nach Belieben) dazugeben und 2 Std. ziehen lassen. Dann die Orangenschale entfernen, die Cranberrys samt Saft in Longdrinkgläser füllen und mit trockenem Sekt oder Cranberry-Limonade aufgießen. Hübsch als Deko: Von weiteren Orangen die Schale in Streifen abziehen und die Streifen an die Gläser hängen. Die ätherischen Öle der Orangenschale verbreiten einen angenehmen Duft.

Alkoholfreier Sommer-Drink

Für Anti-Alkoholiker und Kinder ist **Pfirsich-Eistee** ein beliebtes Erfrischungsgetränk. Es gibt ihn auch fertig zu kaufen, besser schmeckt er natürlich selbst gemacht: Für 10 Gläser 4 reife Pfirsiche schälen und das Fruchtfleisch in kleine Stücke schneiden. 2 l nicht zu starken schwarzen Tee aufbrühen, noch heiß über die Pfirsichstücke gießen und nach Geschmack süßen. Abkühlen und über Nacht im Kühlschrank ziehen lassen. Am nächsten Tag durch ein Sieb in einen Krug abgießen, die ausgelaugten Pfirsichstücke wegwerfen. Mit Eiswürfeln und je 1–2 frischen Pfirsichspalten in Longdrinkgläser füllen.

Eiswürfel-Tipp

Mit normalen Eiswürfeln verwässern Drinks und Cocktails immer leicht. Frieren Sie doch am Vortag zum geplanten Drink den passenden Fruchtsaft in Eiswürfelbehältern ein (z. B. Zitronen-, Limetten- oder Orangensaft) – sieht hübsch aus und schmeckt besonders gut. Sehr dekorativ in klaren Drinks sind normale Eiswürfel, in die jeweils eine Himbeere und ein Minze- oder Melisseblättchen eingeschlossen sind.

Osterbrunch

Frühling liegt in der Luft!

Öffnen Sie die Balkon- oder Terrassentür weit und lassen Sie das **laue Frühlingslüftchen** ins Haus! Und laden Sie sich Gäste ein: Beim gemütlichen Festtagsbrunch kommen Erwachsene wie Kinder auf ihre Kosten. Die erste Frühlingssonne wärmt noch nicht genug, um draußen zu sitzen? Die **Waldmeisterbowle** am frühen Nachmittag lässt sich aber vielleicht doch schon draußen genießen. Und wenn Sie dann noch kleine **Nester mit Ostereiern** für die Kinder versteckt haben, werden deren Augen mit der **Sonne** um die Wette strahlen.

Osterbrunch für 10 Personen

Wieder mal mit der Familie und Freunden gemütlich brunchen – einfach herrlich!

Das späte Frühstück geht nahtlos ins kleine Mittagessen über – gegen 10.30 Uhr ist ein guter Zeitpunkt für den Beginn. Ihre Gäste können ausschlafen, und Sie haben genügend Zeit für die letzten Vorbereitungen. Den Tisch decken Sie am besten schon am Vorabend, dann kommt morgens keine Hektik auf. Kindern wird's bei den Erwachsenen schnell langweilig: Decken Sie für sie einen separaten Kindertisch, z. B. mit einer Tischdecke aus Papier, die bemalt werden darf. Wie wäre es außerdem mit einem Ostereier-Malwettbewerb? Legen Sie hart gekochte oder ausgeblasene Eier und lebensmittelechte Farbstifte bereit. Die Kinder werden mit Feuereifer dabei sein. Schon deshalb, weil es für die schönsten Exemplare einen kleinen Preis gibt!

Für die Planung

◈ Das gibt es zu essen
Bagels
Schinken-Rucola-Aufstrich
Aprikosen-Mango-Creme
Avocado-Orangen-Creme
Nusscreme
Müsli mit Himbeeren
Kräuter-Frittata
Erbsencreme mit Lachs
Spargelsalat mit Orangensauce
Brunnenkresse-Rucola-Salat
Rettichsalat mit Vinaigrette
Mini-Schnitzel mit Bärlauchkruste
Rhabarber-Crumble
Erdbeer-Baiser-Creme
Brioche-Häschen

◈ Das brauchen Sie zusätzlich
Kaffee, Tee, Milch
Wasser und Säfte
Eventuell zusätzlich Brötchen, Vollkornbrot,
    Butter

◈ Das gibt es zu trinken
Kaffee, Tee und für die Kinder Kakao
Säfte
Waldmeisterbowle
Himbeer-Smoothie für Kinder

◆ Schnelles Extra für die Kids
Himbeer-Smoothie: Für 4 kleine Gäste 200 g TK-Himbeeren mit 200 ml Ananassaft und 100 g Joghurt fein pürieren, in Gläser oder Becher füllen und mit Strohhalm servieren.

Dieses Brunchbüfett ist so zusammengestellt, dass sich ein Großteil der Arbeit bereits 1–2 Tage vorher erledigen lässt. Gehen Sie am besten so vor:

2 Tage vorher

◆ Bagels zubereiten und einfrieren
  (s. Tipp S. 29 – noch nicht backen)
◆ Aprikosen-Mango-Creme zubereiten, kühl stellen
◆ Nusscreme zubereiten, kühl stellen

1 Tag vorher

◆ Schinken-Rucola-Aufstrich zubereiten, kühl stellen
◆ Kräuter-Frittata zubereiten, kühl stellen
◆ Erbsencreme zubereiten (noch nicht abfüllen),
  kühl stellen
◆ Brioche-Häschen backen, abgekühlt in ein Tuch
  einschlagen
◆ Rhabarber-Crumble vorbereiten (bis Step 2),
  kühl stellen
◆ Bowle ansetzen (bis Step 2), kühl stellen

4 Stunden vorher

◆ Erdbeer-Baiser-Creme zubereiten, kühl stellen
◆ Streusel für den Crumble herstellen und fertig backen
◆ Unaufgetaute Bagels auf Bleche verteilen und backen
◆ Spargelsalat zubereiten
◆ Brunnenkresse-Rucola-Salat zubereiten
◆ Rettichsalat zubereiten
◆ Mini-Schnitzel und Pesto vorbereiten (bis Step 4)
◆ Avocado-Orangen-Creme zubereiten
◆ Müsli mit Himbeeren zubereiten
◆ Erbsencreme in Gläser füllen, mit Lachs garnieren
◆ Kaffee, Tee, Kakao machen, in Thermoskannen füllen
◆ Bagels und Brioche-Häschen in Körbchen geben

Wenn die Gäste da sind

◆ Gegen 12 Uhr: Schnitzel überbacken
◆ Gegen 14 Uhr: Bowle mit Wein und Sekt aufgießen

So geht's schneller

Lassen Sie die selbst gebackenen Bagels und Brioche-Häschen weg und kaufen Sie frische Brötchen, Croissants und Rosinenbrötchen (pro Person 2–3 Stück; am besten beim Sonntagsbäcker vorbestellen!). Statt der Aprikosen-Mango-Creme und der Nusscreme füllen Sie edle Marmeladen und eine fertige Nuss-Nougat-Creme in Schälchen. Statt der Schinken-Rucola-Creme arrangieren Sie 400 g verschiedene Schinkensorten auf einer Platte und servieren Kräuterfrischkäse dazu. Statt der Bowle kreden-

zen Sie den Holunderblütensirup-Cocktail (Sirup aus dem Vorrat oder fertig gekauft) oder einfach ein Gläschen Sekt. Die süßen Nachspeisen delegieren Sie an Freunde.

Dekoration

Decken Sie den Frühstückstisch mit weißem Geschirr. Zartgelbe und lindgrüne Farbtupfer in Form von Servietten, Besteck und Gläsern verleihen dem Tisch Frühlingsfrische. Bemalte Eier und ein Korb mit Brioche-Häschen zaubern österliches Flair auf die Tafel. Arrangieren Sie alle Speisen mit Ausnahme der Mini-Schnitzel auf dem Büfett. Kaffee, Tee und Kakao schenken Sie am besten direkt ein.

Haben Sie an alles gedacht?

An Thermoskannen für die Getränke? Sind Wein und Sekt für die Bowle kalt gestellt?

Bagels

lauwarm am besten

ZUBEREITUNG 30 Min.
RUHEN 1 Std. 15 Min.
BACKEN 18 Min.
PRO STÜCK 200 kcal

ZUTATEN für 12 Stück
500 g Mehl | 350 ml Milch
1 Würfel frische Hefe (ca. 42 g)
3 EL Zucker
2 TL Salz | 2 TL Natron
je 2 EL Kürbiskerne, Mohn- und Sesamsamen
Backpapier für die Backbleche

1 Für den Teig das Mehl in eine Schüssel sieben, in die Mitte eine Mulde drücken. Die Milch lauwarm erhitzen, Hefe und 1 EL Zucker darin auflösen und in die Mulde gießen. Zugedeckt 15 Min. gehen lassen. Mehl mit Hefemilch und Salz verrühren. Auf eine Arbeitsfläche geben und 5 Min. kneten. Den Teig zu einer Kugel formen, in einer Schüssel zugedeckt an einem warmen Ort ca. 1 Std. gehen lassen.

2 Den Backofen auf 200° vorheizen. 2 Bleche mit Backpapier belegen. Den Teig in 12 Stücke teilen, diese zu Kugeln formen. Mit dem Finger ein Loch in die Mitte bohren und ca. 2-Euro-Stück-groß erweitern.

3 2 l Wasser in einem Topf mit restlichem Zucker und Natron aufkochen lassen. Bagels nacheinander jeweils ca. 15 Sek. ins Wasser geben, bis sie sich aufblähen. Mit dem Schaumlöffel herausheben und mit etwas Abstand auf die Bleche setzen. Je 4 Bagels mit Mohn, Sesam und Kürbiskernen bestreuen und etwas andrücken. Im Backofen (Mitte, Umluft 180°) in 15–18 Min. goldbraun backen. Herausnehmen und auf einem Kuchengitter abkühlen lassen.

Vorbereitungs-Tipp

Sie können die Bagels Tage vorher vorbereiten und einfrieren: Die Teiglinge im Natronwasser blanchieren, mit Kernen und Samen bestreuen, auf ein Brett (das ins Tiefkühlfach passt) geben und abkühlen lassen. Im Tiefkühlfach 1 Std. vorgefrieren, dann in Gefrierbeutel füllen. Zum Backen unaufgetaut auf Bleche legen und im vorgeheizten Backofen ca. 20 Min. backen.

Schinken-Rucola-Aufstrich

würzig

ZUBEREITUNG 35 Min.
PRO PORTION 60 kcal

ZUTATEN für 10 Personen
1 mehligkochende Kartoffel (ca. 150 g)
2 EL Pinienkerne
100 g Serranoschinken (ohne Fettrand; vom Metzger in 2 dicke Scheiben schneiden lassen)
1 Bund Rucola
100 g Schmand
Pfeffer | Salz

1 Die Kartoffel waschen, in einen Topf geben, mit Wasser bedecken und zugedeckt bei mittlerer Hitze in ca. 25 Min. weich kochen.

2 Inzwischen die Pinienkerne in einer kleinen Pfanne ohne Fett goldbraun rösten, etwas abkühlen lassen und zwei Drittel davon fein hacken. Den Schinken fein würfeln. Den Rucola waschen und trocken schütteln, harte Stiele entfernen und die Blätter fein schneiden.

3 Die Kartoffel abgießen, ausdampfen und abkühlen lassen. Noch lauwarm pellen und mit einer Gabel fein zerdrücken.

4 Schmand, Schinken, Rucola und gehackte Pinienkerne unterrühren. Mit reichlich Pfeffer und wenig Salz würzen. In eine Schüssel füllen und mit den übrigen Pinienkernen bestreuen.

Schnelle Variante

200 g Frischkäse mit 2 EL geriebenem Parmesan verrühren. Die Blätter von 1/2 Bund Rucola fein hacken und unterrühren, mit Pfeffer würzen. Bagels oder Brötchen damit bestreichen und mit dünn geschnittenem Schinken belegen, z. B. Serrano- oder Parmaschinken oder Bündner Fleisch.

Aprikosen-Mango-Creme

fruchtig-süß

ZUBEREITUNG 25 Min.
PRO PORTION 70 kcal

ZUTATEN für 10 Personen
400 g Softaprikosen
30 g kandierter Ingwer
1 vollreife Mango
350 ml Apfelsaft (oder Orangensaft)
1 Zitrone
2 EL Agavendicksaft

1 Die Aprikosen in kleine Stücke schneiden. Den Ingwer fein hacken. Die Mango schälen, das Fruchtfleisch vom Stein schneiden und klein würfeln.

2 Den Apfelsaft erhitzen, Aprikosen, Ingwer und Mango darin bei mittlerer Hitze unter Rühren etwa 10 Min. köcheln lassen, bis die Flüssigkeit verdampft ist.

3 Die Zitrone auspressen, den Saft mit der Aprikosenmasse und dem Agavendicksaft im Mixer pürieren. Die Creme bis zum Büfettaufbau kalt stellen.

Nusscreme

schmeckt auch Kindern

ZUBEREITUNG 15 Min.
PRO PORTION 185 kcal

ZUTATEN für 10 Personen
50 g Pecannusskerne
50 g Walnusskerne
150 g Magerquark
2 EL Ahornsirup
200 g Erdnusscreme (aus dem Glas)

1 Einige schöne Pecannusskerne und Walnusskerne zum Dekorieren beiseitelegen, die restlichen Nüsse mit einem scharfen Messer fein hacken und in einer Pfanne ohne Fett leicht anrösten.

2 Den Quark mit dem Ahornsirup glatt rühren. Die Quarkmasse mit Erdnusscreme und gehackten Nüssen verrühren. Die Creme in eine Schüssel füllen und zugedeckt kalt stellen. Vor dem Büfettaufbau mit den übrigen Nüssen bestreuen.

Avocado-Orangen-Creme

cremig-frisch

ZUBEREITUNG 15 Min.
PRO PORTION 160 kcal

ZUTATEN für 10 Personen
2 reife Avocados | 2 Bio-Limetten | 2 EL Orangenmarmelade | 200 g Frischkäse mit Joghurt | 30 g Puderzucker

1 Die Avocados halbieren, den Stein entfernen, das Fruchtfleisch mit einem Löffel aus den Hälften lösen. Die Limetten heiß waschen und abtrocknen, 1 TL Schale abreiben, den Saft auspressen.

2 Das Avocadofleisch mit Limettensaft und -schale und Orangenmarmelade im Mixer fein pürieren. Den Frischkäse mit Puderzucker verrühren und die Avocadocreme unterrühren. Die Creme in eine Schüssel füllen und zugedeckt bis zum Büfettaufbau kalt stellen.

im Bild unten Aprikosen-Mango-Creme ◆ *im Bild Mitte* Avocado-Orangen-Creme ◆ *im Bild oben* Nusscreme

Müsli mit Himbeeren

mit Knuspertopping

ZUBEREITUNG 25 Min.
QUELLEN 20 Min.
PRO PORTION 180 kcal

ZUTATEN für 10 Personen
3 EL brauner Zucker
100 g Haferflocken
200 g kernige Haferflocken
300 ml Apfelsaft
250 g Himbeeren
500 g stichfester Joghurt

1 Den Zucker in einer Pfanne schmelzen lassen. Die Haferflocken dazugeben und mit dem Zucker vermischen. Herausnehmen und abkühlen lassen.

2 Den Apfelsaft lauwarm erhitzen. Die kernigen Haferflocken mit dem Apfelsaft in eine Schüssel geben und zugedeckt 20 Min. quellen lassen. Inzwischen die Himbeeren verlesen.

3 Die Haferflocken in Gläser füllen und mit Himbeeren bestreuen. Den Joghurt obendrauf geben und mit den karamellisierten Haferflocken bestreuen.

Austausch-Tipp

Das Müsli können Sie mit anderen Obstsorten oder Beeren, je nach Saison und Vorlieben, variieren: z. B. 2 Bio-Äpfel mit roter oder grüner Schale waschen, abtrocknen und auf der Rohkostreibe fein reiben. Mit den Haferflocken vermischen und mit dem Joghurt in die Gläser füllen

Topping-Variante

Statt der karamellisierten Haferflocken können Sie zur Abwechslung auch Ahornsirupmandeln als Topping zubereiten. Dafür 75 g Mandelstifte in einer Pfanne goldbraun rösten. 2 EL Ahornsirup unter Rühren dazugeben. Die Mischung abkühlen lassen. Haferflocken und Joghurt, wie im Rezept beschrieben, in Gläser füllen. Die Ahornsirupmandeln darauf verteilen.

Müslivariante

150 g kernige Haferflocken mit 4 EL Ahornsirup goldbraun rösten. Die Knusperhaferflocken abkühlen lassen. 2 Bananen schälen und in Scheiben schneiden. Die Bananenscheiben mit je 1 EL frisch gepresstem Zitronensaft und Ahornsirup vorsichtig mischen. Vor dem Servieren die Bananen in Gläser füllen. 500 g Joghurt darauf verteilen, mit den Knusperhaferflocken bestreuen.

Erbsencreme mit Lachs

Feines aus dem Glas

ZUBEREITUNG 30 Min.
PRO GLAS 255 kcal

ZUTATEN für 10 Gläser (je 100 ml)
Salz | Zucker
300 g TK-Erbsen
1 Stängel Zitronenmelisse
50 g saure Sahne
1 Limette
400 g Mascarpone
1 EL Pastis (französischer
   Anislikör; nach Belieben)
Pfeffer
10 Scheiben geräucherter Lachs (ca. 200 g)
Melissenblättchen für die Deko

1 100 ml Wasser mit je 1 Prise Salz und Zucker aufkochen lassen. Die Erbsen darin in ca. 10 Min. weich
dünsten. Zitronenmelisse waschen und trocken schütteln, die Blätter fein hacken. Mit Erbsen und saurer
Sahne im Mixer fein pürieren.

2 Die Limette auspressen. Den Saft mit Mascarpone
und nach Belieben Pastis cremig verrühren. Das Erbsen-
püree unterrühren und mit Salz und Pfeffer würzen.
Die Creme zugedeckt kalt stellen.

3 Vor dem Büfettaufbau die Creme in Gläser füllen,
je 1 Scheibe Lachs daraufgeben und mit Melisseblättchen dekorieren.

Austausch-Tipp

*Servieren Sie die Erbsencreme mal mit Garnelen. Dafür
jeweils 1 geschälte, gegarte Garnele auf die Erbsencreme
geben. Oder die Garnelen auf ein Holzspießchen stecken
und quer über die Gläser legen.*

Tipp für Vegetarier

*Den Lachs weglassen. 1 kleinen Zucchino waschen,
putzen und auf der Rohkostreibe grob raspeln. 2 EL saure
Sahne mit 1 EL Weißwein oder Zitronensaft verrühren.
Die Zucchinoraspel untermischen, mit Salz und Pfeffer
würzen. Kurz vor dem Servieren statt Lachs je 1 Klecks
davon auf die Erbsencreme geben. Mit Minze- oder
Melisseblättchen dekorieren.*

Kräuter-Frittata

raffiniert

ZUBEREITUNG 30 Min.
BACKEN 15 Min.
PRO PORTION 175 kcal

ZUTATEN für 12 Stück
1 Bund Frühlingszwiebeln
1 kleiner Zucchino
1 Bund gemischte Kräuter (z. B. Petersilie,
   Dill, Basilikum, Zitronenmelisse)
100 g Pecorino
3 mittelgroße Pellkartoffeln
3 EL Olivenöl
8 Eier
Salz | Pfeffer
Cayennepfeffer
1 12er Muffinform
   (oder 12 kleine Papierförmchen)
Öl für die Form

1 Die Frühlingszwiebeln putzen, waschen und in feine
Ringe schneiden. Den Zucchino waschen, putzen und
längs in Streifen schneiden, die Streifen fein würfeln.
Die Kräuter waschen und trocken schleudern, die Blätter
fein hacken. Den Käse grob raspeln. Kartoffeln pellen
und ebenfalls grob raspeln.

2 Den Backofen auf 100° vorheizen. Die Muffinform
einfetten. Olivenöl in einer Pfanne erhitzen, das Gemüse
darin kurz andünsten, die Kräuter unterrühren. Die Eier
aufschlagen und leicht verquirlen. Die Kräuter-Gemüse-
Mischung, Käse und Kartoffeln unterrühren. Mit Salz,
Pfeffer und Cayennepfeffer würzen.

3 Die Eiermischung gleichmäßig in der Muffinform
verteilen. Im Ofen (Mitte) ca. 15 Min. stocken lassen.
Herausnehmen und kurz abkühlen lassen, dann die
Frittata herauslösen.

Deko-Tipp

*Die Frittata auf einer Platte stapeln
und jeweils ein Bärlauch- oder Sauer-
ampferblatt dazwischenlegen.*

Für die Orangensauce:
2 Bio-Orangen
1 EL Rohrzucker
4 EL Olivenöl
2 EL milder Weinessig (4 % Säure)
Salz | Zucker

1 Den weißen Spargel schälen, die unteren holzigen Enden von weißem und grünem Spargel abschneiden. Die Spargelstangen schräg in dünne Scheiben schneiden, die Spargelköpfe ganz lassen. Gemüsefond mit Essig und Öl verrühren, mit Salz, Zucker und Pfeffer würzen. Den Spargel dazugeben und mit der Marinade mischen.

2 Die Petersilie waschen und trocken schütteln, die Blätter fein hacken. Die Spinatblätter verlesen, waschen und die groben Stiele entfernen.

3 Für die Orangensauce die Orangen heiß waschen und abtrocknen, 1 TL Schale abreiben, den Saft auspressen. Orangenschale und -saft mit dem Rohrzucker aufkochen und unter Rühren etwas einkochen lassen.

4 Den Orangensud mit Olivenöl und Essig verrühren, mit Salz und Zucker würzen. Den Spargel mit Orangensauce und Petersilie vermischen, den Salat auf den Spinatblättern anrichten.

Austausch-Tipp

Statt Petersilie 1 Handvoll Kerbel und die in Streifen geschnittenen Blätter von 2 Stängeln Estragon nehmen.

Tipp – Spargel blanchieren

Wer rohen Spargel nicht mag, kann ihn auch blanchieren: Wasser mit jeweils 1/2 TL Salz und Zucker in einem Topf aufkochen lassen. Die Spargelscheiben darin 2 Min. blanchieren, in ein Sieb abgießen, kalt abschrecken und abtropfen lassen. Anstelle des Gemüsefonds aus dem Glas können Sie dann 3 EL Spargelwasser unter die Salatsauce mischen.

Spargelsalat mit Orangensauce
raffiniert kombiniert

ZUBEREITUNG 45 Min.
PRO PORTION 60 kcal

ZUTATEN für 10 Personen
750 g weißer Spargel (möglichst dicke Stangen)
250 g grüner Spargel
3 EL Gemüsefond (aus dem Glas)
2 EL milder Weißweinessig
3 EL Sonnenblumenöl
Salz | Zucker
weißer Pfeffer
1 Bund glatte Petersilie
100 g junge, zarte Spinatblättchen

im Bild unten Brunnenkresse-Rucola-Salat ◆ *im Bild oben* Spargelsalat mit Orangensauce

Rettichsalat mit Vinaigrette

knackig-frisch

ZUBEREITUNG 15 Min.
PRO PORTION 65 kcal

ZUTATEN für 10 Personen
2 junge weiße Rettiche | Salz
1 Bund Radieschen | 1 Bund Schnittlauch
2 Schalotten | 4 EL milder Weißweinessig
6 EL Sonnenblumenöl

1 Die Rettiche putzen, schälen und in hauchdünne Scheiben hobeln. In eine Schüssel geben und mit etwas Salz bestreuen.

2 Die Radieschen putzen, waschen und in dünne Stifte schneiden. Den Schnittlauch waschen, trocken schütteln und in feine Röllchen schneiden. Die Schalotten schälen und in winzig kleine Würfel schneiden. Essig mit Salz und Öl kräftig verrühren. Schalotten, Radieschen und Schnittlauch unterrühren. Die Vinaigrette über den Rettich geben. ————————◆▸

Variante – Rettichsalat mit Alfalfasprossen

2 junge weiße Rettiche putzen, schälen und auf der Rohkostreibe in feine Stifte hobeln. 2 mittelgroße Äpfel schälen, halbieren, entkernen und ebenfalls in Stifte hobeln, mit den Rettichstiften mischen. Den Saft von 1 Zitrone auspressen, mit 300 g saurer Sahne und Salz verrühren und mit Rettich und Äpfeln mischen. 100 g Alfalfasprossen kurz waschen und gut trocken schütteln. Den Rettichsalat in ein Glasgefäß füllen und mit Alfalfasprossen bestreuen.

Brunnenkresse-Rucola-Salat

sehr aromatisch

ZUBEREITUNG 25 Min.
PRO PORTION 200 kcal

ZUTATEN für 10 Personen
4 Eier | 2 Bund Rucola
200 g Brunnenkresse | 1 Kästchen Kresse
250 g Kirschtomaten | 300 g Mozzarella
1 EL Olivenöl | 2 EL Pinienkerne
3 Frühlingszwiebeln
1 TL mittelscharfer Senf
3 EL Kräuteressig
6 EL Sonnenblumenöl
Salz | Pfeffer

1 Die Eier in 10–12 Min. hart kochen. Rucola und Brunnenkresse putzen, von den harten Stielen befreien, waschen und abtropfen lassen. Die Kresse mit der Küchenschere vom Beet schneiden.

2 Die Kirschtomaten waschen, vierteln und und die Kerne entfernen. Den Mozzarella abtropfen lassen, gut trocken tupfen und in Würfel schneiden, mit Olivenöl und Kresse vermischen. Die Pinienkerne in einer Pfanne ohne Fett leicht rösten. Die Eier abschrecken, pellen und in Achtel schneiden.

3 Die Frühlingszwiebeln putzen, längs halbieren, waschen und in feine Streifen schneiden. Den Senf mit Essig und Sonnenblumenöl verrühren, die Frühlingszwiebeln unterrühren. Mit Salz und Pfeffer würzen.

4 Rucola, Brunnenkresse und Tomaten mit dem Dressing mischen. Eier und Mozzarellawürfel darauf verteilen. Mit Pinienkernen bestreuen. ————————◆▸

Deko-Tipp

Einen Teil des Mozzarellas in Scheiben schneiden, mit einer Ausstechform Häschen ausstechen und die Häschen auf dem Salat verteilen.

im Bild links Rettichsalat mit Vinaigrette
im Bild rechts Rettichsalat mit Alfalfasprossen

Mini-Schnitzel mit Bärlauchkruste

heiß aus dem Backofen

ZUBEREITUNG 45 Min.
ÜBERBACKEN 6 Min.
PRO PORTION 340 kcal

ZUTATEN für 10 Personen
800 g kleine, junge Kartoffeln (z. B. Drillinge)
50 g Haselnusskerne
2 Scheiben trockenes Toastbrot
1 großes Bund Bärlauch
ca. 10 EL Olivenöl
50 g frisch geriebener Pecorino
   (oder Parmesan)
1–2 TL frisch gepresster Zitronensaft
Salz | Pfeffer
12–14 kleine Kalbs- oder
   Putenschnitzel (je ca. 100 g)
2 Eiweiße

1 Die Kartoffeln waschen, in einen Topf geben und mit wenig Wasser bei mittlerer Hitze in ca. 15 Min. knapp weich kochen. Abgießen und abkühlen lassen.

2 Für das Pesto die Haselnusskerne in einer Pfanne ohne Fett rösten, bis sie duften. Abkühlen lassen, dann die Häutchen abreiben. Das Brot entrinden und etwas zerkleinern. Den Bärlauch waschen und trocken schütteln, die harten Stiele entfernen. Bärlauch, Haselnüsse und Brot mit 6 EL Olivenöl mittelfein pürieren. Pecorino und Zitronensaft unterrühren, mit Salz und Pfeffer würzen. Das Pesto zugedeckt beiseitestellen.

3 Die Schnitzel kalt waschen und trocken tupfen. Mit Salz und Pfeffer würzen. Die Schnitzel in 2–3 Portionen braten. Dafür jeweils etwas von dem übrigen Öl in einer Pfanne erhitzen und die Schnitzel darin von jeder Seite 1 Min. scharf anbraten.

4 Die Schnitzel herausnehmen und nebeneinander auf ein Backblech setzen. Die Kartoffeln ungepellt halbieren, in einer Schüssel mit 1 EL Olivenöl mischen und um die Schnitzel herum aufs Blech geben. Zugedeckt bis zum Büfettaufbau beiseitestellen.

5 Vor dem Servieren den Backofen auf 220° mit Grillfunktion vorheizen. Die Eiweiße mit 1 Prise Salz steif schlagen und das Pesto unterrühren. Die Mischung auf den Schnitzeln verteilen. Die Kartoffeln leicht salzen.

6 Schnitzel und Kartoffeln im Ofen (oben, Umluft 200°) ca. 6 Min. überbacken, bis sich die Bärlauchkruste leicht zu bräunen beginnt.

Austausch-Tipps

Exakt abgezählte Schnitzel wirken ein wenig kleinlich. Bereiten Sie lieber ein paar mehr vor. Es wird sich garantiert ein begeisterter Abnehmer finden. Oder nehmen Sie statt Schnitzelfleisch ca. 1,2 kg Schweinefilet und schneiden Sie es in ca. 2 cm dicke Scheiben (Medaillons). Die Medaillons ebenso vorbraten und später mit dem Pesto überbacken.

Gemüse-Variante

Statt der Kartoffeln schmeckt auch buntes Backofengemüse sehr gut zu den Schnitzelchen: 3 Zucchini waschen, längs halbieren, in dicke Stücke schneiden. Je 3 rote und gelbe Paprikaschoten putzen, waschen und in Stücke schneiden. 2 Bund Frühlingszwiebeln putzen, waschen und in 5 cm lange Abschnitte schneiden. 400 g Möhren schälen und in dicke Scheiben schneiden. Alles mit 2–3 EL Olivenöl mischen, auf dem Blech verteilen. Im vorgeheizten Backofen bei 180° (Mitte, Umluft 160°) ca. 45 Min. backen, gelegentlich wenden. Salzen und pfeffern. Schnitzelchen zum Überbacken daraufsetzen.

Gut zu wissen

Die Bärlauch-Saison dauert nur von Anfang April bis etwa Mitte Juni. In der übrigen Zeit können Sie ihn durch 100 g Babyspinat und 1 Knoblauchzehe ersetzen. Den Spinat vor dem Pürieren waschen, verlesen und gut abtropfen lassen.

Rhabarber-Crumble

gelingt ganz leicht

ZUBEREITUNG 30 Min.
BACKEN 20 Min.
PRO STÜCK 315 kcal

ZUTATEN für 1 Tarteform (30 cm Ø)
750 g Rhabarber
3 EL Rohrzucker
150 g Zucker
100 g Mehl
100 g geschälte, gemahlene Mandeln
1/2 TL Ingwerpulver
1 Päckchen Vanillezucker
150 g eiskalte Butter
Butter und 1 EL Semmelbrösel für die Form

1 Den Rhabarber waschen, putzen, und die Schale abziehen. Die Stangen in etwa 2 cm große Würfel schneiden und mit dem Rohrzucker bestreuen. Den Rhabarber zugedeckt 15 Min. beiseitestellen, dann in einem Sieb abtropfen lassen.

2 Den Backofen auf 180° vorheizen. Die Form einfetten und mit Semmelbröseln bestreuen. Die Rhabarberwürfel in die Form geben, mit 1 EL Zucker bestreuen und im Ofen (Mitte, Umluft 160°) in 10 Min. garen.

3 Inzwischen für die Streusel das Mehl mit Mandeln, restlichem Zucker, Ingwerpulver und Vanillezucker mischen. Die Butter in kleine Stücke schneiden oder auf der Rohkostreibe grob raspeln und dazugeben. Die Mischung mit den Händen zu Streuseln verarbeiten.

4 Die Form aus dem Ofen nehmen und die Streusel über den Rhabarber streuen. Rhabarber-Crumble im Ofen in etwa 20 Min. goldbraun backen.

Servier-Tipp

Eine Vanillesahne extra dazu servieren. Dafür 200 g Sahne steif schlagen. 1 Päckchen Vanillezucker, 1 EL Puderzucker und 100 g saure Sahne unterrühren. Oder 1 Kugel Vanilleeis dazu reichen.

Tipp

Kleine Baisertupfer als Deko für die Erdbeercreme gibt es auch fertig zu kaufen.

Erdbeer-Baiser-Creme

einfach himmlisch

ZUBEREITUNG 25 Min.
PRO PORTION 360 kcal

ZUTATEN für 10 Personen
750 g Erdbeeren
2 EL Puderzucker
2 EL Himbeersirup
1 Bio-Zitrone | 250 g Joghurt
1 Päckchen Vanillezucker
750 g Sahne | 1 Päckchen Gelatine-fix
6 Baiserschalen (Fertigprodukt)
einige Erdbeeren und 1 Baiserschale für die Deko

1 Die Erdbeeren waschen und putzen. Ein Drittel der Beeren klein würfeln, mit 1 EL Puderzucker und Himbeersirup im Mixer pürieren. Die restlichen Erdbeeren in Scheiben schneiden.

2 Die Zitrone heiß waschen und gut abtrocknen, 1 TL Schale abreiben und den Saft auspressen. Den Joghurt mit dem restlichen Puderzucker, Vanillezucker, Zitronensaft und Zitronenschale verrühren. Die Sahne steif schlagen, Gelatine-fix und Joghurtcreme unterrühren. Die Baiserschalen zerbröseln.

3 Die Sahnecreme, Erdbeerscheiben, Erdbeerpüree und zerbröselte Baiserschalen schichtweise in eine schöne Glasschale oder Gläser schichten. Die Creme zugedeckt bis zum Büfettaufbau kalt stellen. Vor dem Servieren die Creme mit übrigen Erdbeeren und Baiserschale in Bröseln dekorieren.

Brioche-Häschen

macht was her

ZUBEREITUNG 30 Min.
RUHEN 13 Std. 15 Min.
BACKEN 20 Min.
PRO STÜCK 325 kcal

ZUTATEN für 20 Stück
750 g Mehl | 1/2 TL Salz | 50 ml Milch
1 Döschen gemahlener Safran (0,1 g)
20 g frische Hefe | 400 g weiche Butter
50 g Zucker | 6 Eier | Backpapier für die Backbleche
Mehl für die Arbeitsfläche
1 Handvoll Rosinen
2 EL Milch und 1 Eigelb zum Bestreichen

1 Das Mehl mit Salz in eine Schüssel geben, in die Mitte eine Mulde drücken. Die Milch erwärmen, den Safran und die Hefe unterrühren. Die Hefemilch in die Mulde gießen und den Vorteig zugedeckt an einem warmen Ort 15 Min. gehen lassen.

2 Butter mit Zucker und Eiern mit dem Handrührgerät verrühren und zu dem Vorteig geben. Alles kräftig verkneten, bis der Teig Blasen wirft und sich vom Schüsselrand löst. Den Teig zugedeckt 1 Std. gehen lassen. Den Teig kneten, zu einer Kugel formen, in eine Schüssel geben, zugedeckt über Nacht in den Kühlschrank stellen.

3 Am nächsten Tag den Backofen auf 180° vorheizen. 2 Bleche mit Backpapier belegen. Den Teig nochmals kneten, wenn nötig etwas Mehl unterkneten. Den Teig auf bemehlter Arbeitsfläche ausrollen und zu einer Rolle formen. Die Rolle in 20 Stücke teilen, die Stücke zu Kugeln formen und die Kugeln flach drücken.

4 Den Teig mit einem Messer bis fast zur Hälfte einschneiden, die Hälften zu Ohren formen. Die Häschen auf die Bleche legen. Je 2 Rosinen für die Augen und 1 Rosine für den Mund eindrücken. 2 EL Milch mit 1 Eigelb verrühren. Hasen damit bestreichen. Im Ofen (Mitte, Umluft 160°) ca. 20 Min. backen. ━━━━◆◆◆

Variante – Brioche-Brot

Den Teig kneten, in 3 Stücke teilen, die Stücke zu Rollen formen und diese zu einem Zopf flechten. Den Zopf in eine gefettete Kastenform (30 cm Länge) geben und bei 180° (Mitte, Umluft 160°) etwa 35 Min. backen.

Variante – Häschen ausstechen

Den Teig auf der bemehlten Arbeitsfläche ca. 1/2 cm dick ausrollen, mit einer Ausstechform Hasen ausstechen. Milch und Eigelb verrühren, die Hasen damit bestreichen. Rosinen für Augen und Mund eindrücken und eventuell mit Sesamsamen bestreuen.

Holunderblütensirup-Cocktail

raffiniert

ZUBEREITUNG 10 Min.
PRO GLAS 120 kcal

ZUTATEN für 1 Glas (150 ml)
2 Bio-Limettenscheiben
1 Minzeblättchen
2 EL Holunderblütensirup
Prosecco oder Mineralwasser
zerstoßenes Eis (Crushed Ice)

1 Die Limettenscheiben klein schneiden, mit Minzeblättchen und Holunderblütensirup leicht zerdrücken.

2 Die Mischung mit grob zerstoßenem Eis (Crushed Ice) in ein Glas füllen. Mit eisgekühltem Prosecco oder Mineralwasser auffüllen. ◆◆

Auch gut

2 EL Holunderblütensirup in ein Sektglas füllen, mit kaltem Prosecco oder Mineralwasser auffüllen und kühl servieren.

Holunderblütensirup selber machen

8–10 gerade aufgeblühte Holunderblütendolden in eine Schüssel legen. 2 Bio-Zitronen heiß waschen, abtrocknen und in Scheiben schneiden. Die Holunderblüten damit belegen. 2 Zitronen auspressen und den Saft mit ca. 750 ml Wasser vermischen (oder stattdessen nur 1 Flasche trockenen Weißwein – 750 ml – nehmen). Holunderblüten damit begießen. Zugedeckt 2 Tage an einem dunklen und kühlen Ort ziehen lassen. Den Saft oder Wein durch ein Sieb gießen, mit 600 g Einmachzucker aufkochen und unter Rühren 2 Min. kochen lassen. Den Sirup in saubere, heiß ausgespülte Flaschen füllen und verschließen. Der Sirup hält sich ca. 12 Monate.

Waldmeisterbowle

erfrischend

ZUBEREITUNG 35 Min.
RUHEN 12 Std. 15 Min.
KÜHLEN 1 Std.
PRO GLAS (150 ML) 55 kcal

ZUTATEN für 1 Bowlengefäß (ca. 5 l Inhalt)
1 Handvoll Waldmeister (ca. 10 g)
1 EL Zucker
2 Flaschen trockener Weißwein
  (à 0,75 l, z. B. Riesling)
2 Bio-Limetten
4 cl Waldmeistersirup
1 Flasche gekühlter Prosecco
1 Flasche gekühltes Mineralwasser

1 Den Waldmeister waschen, zwischen Küchenpapier trocken tupfen. Mit Zucker bestreuen und über Nacht stehen lassen.

2 Am nächsten Tag die Waldmeisterblättchen mit 1/2 Flasche Wein übergießen und 15 Min. ziehen lassen.

3 Die Limetten heiß waschen, abtrocknen und in Scheiben schneiden. Die Limettenscheiben in ein Bowlengefäß geben. Den Waldmeisterwein durch ein Sieb gießen, mit Waldmeistersirup verrühren und über die Limettenscheiben gießen. Zugedeckt 1 Std. ziehen lassen.

4 Die Bowle mit dem restlichen Weißwein, dem Prosecco und dem Mineralwasser auffüllen und gut gekühlt servieren. ◆◆

Gut zu wissen

Waldmeister wächst zwischen April und Juni in schattigen Mischwäldern und sollte vor der Blütezeit verwendet werden. Das typische Aroma entsteht erst nach dem Anwelken der Blätter. Wichtig: Waldmeister nur in geringen Mengen verwenden, weil ein Zuviel zu Kopfschmerzen führen kann.

Asienbüfett

Exotische Genüsse mit Fernwehgarantie

Asiatisch-leicht und wunderschön anzusehen sind sie, die thailändisch und chinesisch inspirierten Snacks auf diesem Fingerfood-Büfett. Die fremden Aromen lassen an Urlaub, Strand und Sonne denken, an üppige Märkte mit unbekannten Früchten, nie zuvor gesehenen Gemüsesorten und Gewürzen. Die Köstlichkeiten aus dem Land des Lächelns werden auch Ihren Gästen ein feines Lächeln aufs Gesicht zaubern. Gut möglich, dass nach dem Fest der eine oder andere Gast in den nächsten Tagen dringend im Reisebüro vorbeischauen muss…

Asienbüfett
für 12 Personen

Mit den fernöstlichen Leckerbissen dieses Fingerfood-Büfetts liegen Sie voll im Trend!

Sie haben in Ihrer Wohnung nicht genügend Sitzplätze für alle? Dann ist dieses Büfett genau das Richtige für Sie! Es nimmt nicht viel Platz ein und alles lässt sich im Stehen aus der Hand essen. Das Auge isst dabei wirklich mit: Vieles wird in genießbaren Blättern oder knusprig gebackenen Schälchen angerichtet. Das kostet zwar etwas Zeit und Mühe, doch begeisterte Aaahs und Ooohs Ihrer Partygäste sind Ihnen damit sicher! Die Suppe kann in der Küche auf dem Herd bleiben (Suppenschalen, Löffel und Würzzutaten dort bereitstellen!). Und die Desserts stellen Sie erst aufs Büfett, wenn die pikanten Snacks verzehrt sind. Als kleinen Partygag verteilen Sie Glückskekse, um gemeinsam einen Blick in die Zukunft zu wagen.

Für die Planung

◆ **Das gibt es zu essen**
Sesamhähnchen im Teigschälchen
Zitronengras-Garnelen-Spieße
Glücksrollen mit drei Füllungen
Asia-Roastbeef mit Thai-Remoulade
Glasnudelsalat im Salatblatt
Gurken mit Makrelensalat
Chicoréeblätter mit Grapefruit-Enten-Salat
Scharfe Pilzsuppe
Kokos-Crème-brûlée
Maracuja-Granité
Exotische Früchte mit Würzzucker

◆ **Das brauchen Sie zusätzlich**
Kroepoek (würzige Krabbenchips) zum Aperitif
Eventuell Baguette zur Suppe und zum Roastbeef
   (nicht ganz stilecht, schmeckt aber gut dazu!)
Glückskekse

◆ **Das gibt es zu trinken**
Guavencocktail als Aperitif
Fruchtiger Weißwein (z. B. Riesling oder Grüner
   Veltliner)
Reifer Rotwein mit Beeren- und/oder
   Vanillearoma (z. B. Rioja oder Shiraz)
Wasser, Fruchtsäfte

◆ **Guavencocktail (Bild S. 45 rechts oben)**
Füllen Sie pro Glas ein Drittel Guavensaft
(aus dem Asien- oder Bioladen) mit zwei Dritteln
eisgekühltem trockenen Sekt auf. Dazu schmecken
Kroepoek (würzige Krabbenchips) mit Sweet-
Chili-Sauce zum Dippen (beide aus dem Asienladen).

Ihnen ist etwas bange wegen des großen Bratens? Keine Sorge, dank Niedrigtemperatur gelingt Ihnen das Roast-beef garantiert butterzart und perfekt rosa. Wie's funk-tioniert, können Sie ausführlich auf Seite 62/63 lesen.

2 Tage vorher
◆ Asia-Roastbeef zubereiten (bis Step 3)

1 Tag vorher
◆ Basis für die Pilzsuppe herstellen (Step 1), kühl stellen
◆ Glasnudelsalat zubereiten, kühl stellen
◆ Kokos-Crème-brûlée vorbereiten, jede Schale mit Folie abdecken, kühl stellen
◆ Maracuja-Granité vorbereiten (bis Step 3)
◆ Würzzucker herstellen und in Schraubgläser füllen

Am Tag der Einladung
◆ Grapefruit-Enten-Salat zubereiten, kühl stellen
◆ Makrelensalat zubereiten, kühl stellen
◆ Sesamhähnchen zubereiten und kühl stellen, Teig-schälchen backen, beiseitestellen, noch nicht füllen
◆ Zitronengras-Garnelen-Spieße zubereiten
◆ Glücksrollen zubereiten, mit einem feuchten Tuch abgedeckt beiseitestellen
◆ Salatblätter, Gurkenschälchen und Chicoréeblätter vorbereiten, auf Platten verteilen, mit Salaten füllen
◆ Früchteplatte vorbereiten, kalt stellen
◆ Scharfe Pilzsuppe und Würzzutaten fertig stellen
◆ Thai-Remoulade zubereiten, Roastbeef aufschneiden und zusammen anrichten
◆ Sesamhähnchen in die Teigschälchen füllen

Wenn die Gäste da sind
◆ Sobald die pikanten Gerichte verspeist sind, die Reste auf einer Platte neu arrangieren und Platz schaffen
◆ Maracuja-Granité 30 Min. in den Kühlschrank stellen
◆ Kokos-Crèmes-brûlées mit Zucker überkrusten
◆ Maracuja-Granité in Gläser oder Schälchen verteilen
◆ Alles mit der Früchteplatte und den Würzzucker-schälchen aufs Büfett stellen, Dessertlöffel dazulegen
◆ Glückskekse dazustellen

So geht's schneller
Statt der Zitronengras-Garnelen-Spieße verwenden Sie fertige TK-Garnelenspieße und streuen beim Braten etwas frisch gehacktes Zitronengras und Knoblauch darü-ber. Bei den Glücksrollen wählen Sie Ihre Lieblingsfüllung und verdreifachen die Menge. Nicht ganz so aromatisch: 600 g aufgeschnittenes Roastbeef vom Metzger mit der

Thai-Remoulade servieren. Die Salate stellen Sie einfach in Schüsseln aufs Büfett (Gabeln dazulegen). Die Desserts ersetzen Sie durch fertig gekauftes Kokos- und Fruchteis.

Dekoration
Lila, Mauve und Grüntöne verleihen Ihrem Asienbüfett authentisches Flair. Wählen Sie dazu Bananenblätter als Unterlage fürs Büfett und die Platten (bekommen Sie im Asienladen): Diese einfach feucht abwischen, passend zuschneiden und mit Orchideenblüten deko-rieren. Die Blüten müssen Sie nach dem Fest nicht weg-werfen. Geben Sie sie später in eine offene Wasserschale.

Haben Sie an alles gedacht?
Großer Topf für die Pilzsuppe? Brûlée-Brenner fürs Dessert (eventuell rechtzeitig ausleihen)?

Sesamhähnchen im Teigschälchen

macht was her

ZUBEREITUNG 45 Min.
MARINIEREN 1 Std.
PRO STÜCK 90 kcal

ZUTATEN für 20 Stück
Für die Füllung:
1 Stängel Zitronengras (Asia-Laden)
1 Knoblauchzehe
1 TL weiße Pfefferkörner
1 TL Zucker
400 g Hähnchenbrustfilets
2 EL helle Sojasauce
1 EL geröstetes Sesamöl
2 EL Sesamsamen
3 Frühlingszwiebeln
2 EL neutrales Pflanzenöl | Salz
1/2 Bund Koriandergrün
Für die Schälchen:
40 Wantan-Teigblätter (Fertigprodukt; Asienladen)
1 Eigelb | 1 EL Milch
ca. 2 EL Sesamsamen
1 24er Mini-Muffinblech
Öl für das Mini-Muffinblech

1 Das Zitronengras von den äußeren harten Blättern befreien, das untere, helle Drittel fein schneiden. Den Knoblauch schälen und etwas zerkleinern. Mit Zitronengras, Pfefferkörnern und Zucker im Mörser (oder Blitzhacker) fein zerstoßen.

2 Das Hähnchenfleisch kalt waschen, abtrocknen und in ca. 1 cm große Würfel schneiden. Die Fleischwürfel mit der Würzmischung aus dem Mörser, Sojasauce, Sesamöl und Sesamsamen vermischen. Zugedeckt bei Zimmertemperatur 1 Std. ziehen lassen.

3 Inzwischen für die Teigschälchen den Backofen auf 180° vorheizen. Die Mulden des Muffinblechs einfetten. Die Wantanblätter auftauen lassen, je 2 versetzt in die Mulden drücken und die Spitzen nach außen biegen. Eigelb und Milch verrühren, die Teigspitzen damit einpinseln und mit wenig Sesamsamen bestreuen. Im Ofen (Mitte, Umluft 160°) ca. 6–8 Min. backen. Herausnehmen und in der Form abkühlen lassen.

4 Die Frühlingszwiebeln putzen, waschen und mit dem Grün in feine Ringe schneiden. Das Pflanzenöl in einer Pfanne erhitzen und die Hähnchenwürfel darin – eventuell in zwei Portionen – bei starker Hitze in 3–4 Min. goldbraun braten. Die Frühlingszwiebeln hinzufügen und unter Rühren 1 Min. weiterbraten. Mit Salz abschmecken und abkühlen lassen.

5 Zum Büfettaufbau die Wantan-Schälchen aus der Form lösen, auf eine Platte geben und mit dem Sesamhähnchen füllen. Das Koriandergrün waschen und trocken schütteln, die Blätter grob hacken und über die Füllung streuen. ——————

Servier-Tipp

Stellen Sie ein Schälchen mit dunkler Sojasauce mit Sesamsamen bestreut dazu. Die Sauce ist süß-würzig und aromatisch; damit kann sich jeder das Hähnchen individuell nachwürzen.

Glücksrollen mit drei Füllungen

braucht etwas Zeit

ZUBEREITUNG 1 Std. 30 Min.
PRO STÜCK 350 kcal

ZUTATEN für 36 Stück
Für die Hähnchen-Mango-Füllung:
300 g Hähnchenbrustfilets | 2 EL neutrales Pflanzenöl
Salz | Cayennepfeffer
1 reife Mango | 2 EL frisch gepresster Limettensaft
2 reife Strauchtomaten | 1/2 Bund Koriandergrün
3 EL Mangochutney (aus dem Glas)
Für die Hackfleisch-Nuss-Füllung:
1 Möhre | 3 Frühlingszwiebeln | 100 g frische
Sojabohnensprossen | 2 Knoblauchzehen
1 Stück frischer Ingwer (ca. 3 cm)
1–2 große grüne Chilischoten | 1 EL neutrales Öl
200 g gemischtes Hackfleisch | 2 EL dunkle Sojasauce
1 TL Zucker | 3 EL geröstete gesalzene Erdnüsse
Für die Garnelen-Ananas-Füllung:
100 g Zuckerschoten | Salz | 1 rote Paprikaschote
200 g frisches Ananasfruchtfleisch | 3 Frühlingszwiebeln
4 EL Sweet-Chili-Sauce (Fertigprodukt, Asienladen)
300 g gegarte Garnelen (Party-Gambas)
Außerdem:
2 Köpfe Kopfsalat | 36 Reispapierblätter (20 cm Ø)
200 g Mangochutney (aus dem Glas)
200 ml dunkle Sojasauce
200 ml Sweet-Chili-Sauce (Fertigprodukt)

1 Für die Hähnchenfüllung die Hähnchenbrustfilets
kalt waschen, abtrocknen und in Streifen schneiden.
Das Öl erhitzen, das Fleisch darin rundherum goldbraun

braten, mit Salz und Cayennepfeffer würzen. Die Mango
schälen, das Fruchtfleisch vom Stein schneiden und klein
würfeln, mit Limettensaft beträufeln. Tomaten waschen,
halbieren, entkernen und fein würfeln. Koriandergrün
waschen und trocken schütteln, die Blätter abzupfen.
Mit Mango, Tomaten und Mangochutney verrühren.

2 Für die Hackfleisch-Nuss-Füllung die Möhre schälen
und grob raspeln. Die Frühlingszwiebeln putzen, gut
waschen und in feine Ringe schneiden. Die Sprossen
in einem Sieb kalt abbrausen und gut abtropfen lassen.
Knoblauch und Ingwer schälen, beides fein hacken.
Die Chilischote(n) längs aufschneiden, entkernen,
waschen und fein würfeln. Das Öl in einer Pfanne erhitzen. Knoblauch, Ingwer und Chili darin 1 Min. anbraten. Das Hackfleisch dazugeben und bei starker Hitze
in 2–3 Min. krümelig braten. Mit Sojasauce und Zucker
würzen. Die Möhrenraspel, Sprossen und Frühlingszwiebeln unterrühren. Abkühlen lassen. Die Erdnüsse
grob hacken und untermischen.

3 Für die Garnelenfüllung die Zuckerschoten waschen,
die Enden abknipsen, die Schoten entfädeln. Salzwasser
aufkochen lassen. Die Zuckerschoten darin in 3–4 Min.
bissfest garen. Herausnehmen, kalt abschrecken, abtropfen lassen und schräg halbieren. Die Paprikaschote halbieren, putzen, waschen und in feine Streifen schneiden.
Die Ananas schälen, den Strunk herausschneiden und
das Fruchtfleisch klein würfeln. Die Frühlingszwiebeln
putzen, waschen und in feine Ringe schneiden. Ananas
und Frühlingszwiebeln unter die Sweet-Chili-Sauce
rühren. Die Garnelen zum Füllen bereitlegen.

4 Kopfsalat putzen, waschen und abtropfen lassen. Eine
Schüssel mit warmem Wasser und saubere Geschirrtü-
cher bereitlegen. Für jede Füllung 12 Reispapierblätter
nacheinander ca. 10 Sek. eintauchen, auf den Tüchern
ausbreiten. Je 1 Kopfsalatblatt (etwas kleiner als das Reis-
papierblatt) darauflegen, jeweils in die Mitte die Zutaten
für die Hähnchenfüllung die Hackfleischfüllung und
für die Garnelenfüllung geben. Die Blätter schnell aufrollen, die Seiten dabei einschlagen. Bis zum Büfettaufbau mit einem feuchten Tuch abdecken, damit sie nicht
austrocknen.

5 Die Glücksrollen zum Anrichten mit einem scharfen
Messer schräg halbieren und auf Platten oder Teller
legen. Mangochutney, dunkle Sojasauce und Sweet-
Chili-Sauce in Schälchen füllen und zum Nachwürzen
mit aufs Büfett stellen.

Zitronengras-Garnelen-Spieße

frisch-würzig

ZUBEREITUNG 30 Min.
MARINIEREN 1 Std.
PRO STÜCK 80 kcal

ZUTATEN für 12 Stück
2 Knoblauchzehen
1 Bio-Limette
1 große rote Chilischote
4–5 EL neutrales Pflanzenöl
36 rohe Riesengarnelen
   (küchenfertig geschält; ca. 600 g)
6 Stängel Zitronengras | Salz
Bananenblatt und Limettenschnitze für die Deko

1 Den Knoblauch schälen und fein hacken. Die Limette heiß waschen und abtrocknen, die Schale in feinen Streifen abreiben. Die Chili längs aufschneiden, entkernen, waschen und fein hacken. Alles mit 2 EL Öl verrühren.

2 Die Garnelen am Rücken leicht einritzen und den Darmfaden entfernen. Die Garnelen mit dem Würzöl mischen und 1 Std. kalt stellen.

3 Von den Zitronengrasstängeln jeweils 1–2 äußere Blätter entfernen, die Stängel längs halbieren. Jede Riesengarnele mit einem spitzen Messer in der Mitte durchbohren und die Öffnung vorsichtig erweitern, damit man sie auf die Zitronengrasstängel stecken kann. Auf jeden Spieß 3 Garnelen stecken.

4 Eine Grillpfanne erhitzen, die Stege mit Öl einpinseln. Die Garnelenspieße portionsweise in die Pfanne geben und bei mittlerer Hitze von jeder Seite 2–3 Min. braten. Leicht salzen und herausnehmen.

5 Eine Servierplatte mit dem Bananenblatt belegen, die Garnelenspieße darauf anrichten und mit den Limettenschnitzen dekorieren.

Würz-Variante

Eine fein-fruchtige Note bekommen die Garnelenspieße, wenn Sie statt Limettenschale Orangenschale verwenden. Wer möchte, streut noch etwas fein geschnittenes Koriandergrün darüber.

Asia-Roastbeef mit Thai-Remoulade

mit feiner Anisnote

ZUBEREITUNG 1 Std.
MARINIEREN 48 Std.
GAREN 3 Std.
PRO PORTION 345 kcal

ZUTATEN für 12 Personen
Für das Roastbeef:
1,5 kg Roastbeef
50 g frischer Ingwer
4 Knoblauchzehen
2 große grüne Chilischoten
1 Bio-Limette
100 ml Teriyakisauce | Salz
3 EL neutrales Pflanzenöl
1 Bund süßes Thai-Basilikum (aus dem Asienladen)
Für die Thai-Remoulade:
300 g Salatmayonnaise (30 % Fett)
300 g Joghurt (3,5 % Fett)
2 hart gekochte Eier
4 Sardellen (in Öl eingelegt)
3 Frühlingszwiebeln
1 Bund süßes Thai-Basilikum (aus dem Asienladen)
1–2 große grüne Chilischoten
2–3 TL frisch gepresster Limettensaft
Salz | Pfeffer | Zucker

1 Das Fleisch von Häutchen, Fett und Sehnen befreien und trocken tupfen. Ingwer schälen und fein reiben. Knoblauch schälen und fein hacken. Chilischoten waschen und samt Kernen in Ringe schneiden. Die Limette heiß waschen und abtrocknen, die Schale abreiben, den Saft auspressen. Alles mit der Teriyakisauce mischen und mit dem Fleisch in einen großen Gefrierbeutel geben, sodass es von allen Seiten mit der Marinade benetzt ist. Den Beutel verschließen und 24 Std. im Kühlschrank ziehen lassen.

2 Das Fleisch 1 Std. vor dem Anbraten aus dem Kühlschrank nehmen, damit es Zimmertemperatur annehmen kann. Eine flache ofenfeste Form auf das Backofengitter (mittlere Einschubleiste) stellen und den Backofen auf 80° vorheizen. Das Fleisch aus der Marinade nehmen, trocken tupfen und rundherum kräftig salzen. Das Öl in einer großen Pfanne erhitzen und das Roastbeef darin bei mittlerer Hitze von allen Seiten, auch an den Enden, in 8–10 Min. braun anbraten. In die Form im Backofen legen und in 3 Std. bei Niedrigtemperatur fertig garen (siehe Seite 62/63). Herausnehmen und lauwarm abkühlen lassen.

3 Thai-Basilikum waschen und trocken schütteln, die Blätter grob hacken. Die Hälfte auf ein Stück Alufolie geben, den Braten daraufsetzen, mit dem übrigen Basilikum ummanteln. Fest in die Folie wickeln und weitere 24 Std. kalt stellen.

4 Für die Thai-Remoulade Mayonnaise und Joghurt verrühren. Die Eier pellen und fein hacken. Die Sardellen abtropfen lassen und fein hacken. Die Frühlingszwiebeln putzen, waschen und in feine Ringe schneiden. Das Thai-Basilikum waschen und trocken schütteln, die Blätter fein schneiden. Die Chilischoten längs aufschneiden, entkernen, waschen und fein hacken. Alle vorbereiteten Zutaten unter die Mayonnaise rühren. Mit Limettensaft, Salz, Pfeffer und 1 Prise Zucker würzig abschmecken. Die Remoulade in eine Schale füllen und zugedeckt kalt stellen.

5 Den Braten auswickeln, das Thai-Basilikum weitgehend entfernen und (am besten mit einer Aufschnittmaschine), in dünne Scheiben schneiden und auf einer Platte anrichten. Mit Klarsichtfolie abdecken und bis zum Büfettaufbau kalt stellen.

Gut zu wissen

Mit der Niedrigtemperaturmethode wird das Roastbeef sanft gegart, unvergleichlich zart, saftig und schön rosig. Wer es ganz genau nimmt, misst zum Ende der Garzeit die Kerntemperatur mit einem Bratenthermometer: 60° sind für diesen später kalt servierten Asia-Braten ideal.

Gurken mit Makrelensalat

preiswert

ZUBEREITUNG 30 Min.
PRO STÜCK 30 kcal

ZUTATEN für 20 Stück
1 Strauchtomate
1 Stange Staudensellerie
2 Frühlingszwiebeln
3 Stängel Koriandergrün
2 Pfeffermakrelenfilets (ca. 200 g)
2 EL Fischsauce | 3 EL frisch gepresster Limettensaft
1 TL Zucker | Pfeffer | 2 schlanke Salatgurken

1 Die Tomate waschen, quer halbieren, entkernen und in kleine Würfelchen schneiden. Staudensellerie putzen, waschen und in millimeterfeine Würfelchen schneiden. Die Frühlingszwiebeln putzen, waschen und sehr fein schneiden. Das Koriandergrün waschen und trocken schütteln, die Blätter fein schneiden.

2 Die Makrelenfilets von der Haut lösen, das Fett abkratzen und den Fisch fein zerpflücken. Fischsauce, Limettensaft und Zucker verrühren. Fisch, Tomate, Sellerie, Frühlingszwiebeln und Koriandergrün untermischen und mit Pfeffer würzen.

3 Die Gurken waschen und streifig schälen. In 20 jeweils ca. 3 cm dicke Scheiben schneiden und jeweils oben mit dem Kugelausstecher eine Mulde für die Füllung aushöhlen. Die Gurkenschälchen mit dem Makrelensalat füllen und auf einer Platte anrichten. Zugedeckt bis zum Büfettaufbau kalt stellen.

Chicoréeblätter mit Grapefruit-Enten-Salat

fruchtig

ZUBEREITUNG 45 Min.
PRO PORTION 125 kcal

ZUTATEN für 12 Personen
1 Entenbrustfilet (ca. 300 g)
Salz | Cayennepfeffer
5 Schalotten | 2 EL Öl
3 EL Kokoschips
2 rosa Grapefruit
2 EL geröstete gesalzene Erdnüsse
1 EL Zucker
4 EL helle Sojasauce
12–15 schöne Chicoréeblätter

1 Das Entenbrustfilet kalt waschen, trocken tupfen und die Haut kreuzförmig einritzen. Rundherum mit Salz und Cayennepfeffer einreiben. Mit der Hautseite in die kalte Pfanne legen, erwärmen und bei mittlerer Hitze 6–7 Min. braten, bis die Haut goldbraun ist. Das Fleisch wenden und auf der anderen Seite in ca. 7 Min. fertig braten. Herausnehmen und abkühlen lassen. Das Fett aus der Pfanne abgießen, die Pfanne beiseitestellen.

2 Inzwischen die Schalotten schälen und in feine Spalten schneiden. Das Öl in einem anderen Pfännchen erhitzen und die Schalotten darin unter Wenden 2 Min. braten. Die Kokoschips dazugeben und 1–2 Min. mitbraten, bis alles goldbraun und kross ist. Auf Küchenpapier geben und abtropfen lassen.

3 Mit einem scharfen Messer die Schale samt weißer Haut von den Grapefruits schneiden, die Fruchtfilets über einer Schüssel zwischen den Trennhäutchen herausschneiden. Die Filets in kleine Stückchen schneiden, in einem Sieb abtropfen lassen, dabei den Saft auffangen. Vom Entenbrustfilet die Haut entfernen, das Fleisch in feine Streifen schneiden. Entenstreifen und Grapefruitstückchen auf die Chicoréeblätter verteilen.

4 Die Erdnüsse im Mörser grob zerstoßen. Den Grapefruitsaft mit Zucker und Sojasauce in der Entenpfanne erhitzen und dickflüssig einkochen lassen. Die Erdnüsse untermischen. Jeweils 1/2 TL davon über Entenfleisch und Grapefruit träufeln und mit der Schalotten-Kokos-Mischung garnieren.

im Bild Chicoréeblätter mit Grapefruit-Enten-Salat

Glasnudelsalat im Salatblatt

scharf

ZUBEREITUNG 30 Min.
MARINIEREN 1 Std.
PRO PORTION 100 kcal

ZUTATEN für 12 Personen
200 g Glasnudeln
1 Bund Frühlingszwiebeln
je 1 Bund Koriandergrün und Petersilie
10 kleine Cocktailtomaten
1 große rote Chilischote
3 EL Fischsauce
5 EL frisch gepresster Limettensaft
1 EL Zucker
2 EL Öl
250 g Schweinehackfleisch
Salz | Pfeffer
12 kleine Kopfsalatblätter
3 EL geröstete Cashewnusskerne

1 Die Glasnudeln mit kochendem Wasser begießen, 3–4 Min. ziehen lassen, in ein Sieb gießen und lauwarm abkühlen lassen.

2 Inzwischen die Frühlingszwiebeln putzen, waschen und in feine Ringe schneiden. Die Kräuter waschen und trocken schütteln, die Blätter grob schneiden.

3 Die Tomaten waschen und halbieren oder vierteln. Die Chilischote in Ringe schneiden, kurz in kaltes Wasser legen, damit sich die Kerne herauslösen.

4 Fischsauce, Limettensaft und Zucker in einer Schüssel verrühren. Die Glasnudeln mit der Küchenschere kürzer schneiden, mit Frühlingszwiebeln, Tomaten, Kräutern und Chiliringen untermischen.

5 Das Öl in einer Pfanne erhitzen. Das Hackfleisch darin unter Rühren in 3–4 Min. krümelig braten. Mit Salz und Pfeffer würzen und unter den Glasnudelsalat mischen. Zugedeckt mindestens 1 Std. ziehen lassen.

6 Zum Büfettaufbau die Salatblätter waschen und trocken tupfen. Nebeneinander auf eine Platte legen, mit Glasnudelsalat füllen. Die Cashewnusskerne hacken und darüberstreuen.

Gut zu wissen

Die fadendünnen Glasnudeln werden aus Mungobohnenstärke hergestellt (eine gute Alternative für Weizenallergiker!). Roh sind sie schneeweiß, gegart durchsichtig-glasig, daher der Name. Sie werden nicht gekocht, sondern nur mit kochendem Wasser überbrüht und können dann nach einigen Minuten weiterverarbeitet werden.

Scharfe Pilzsuppe

sehr aromatisch

ZUBEREITUNG 40 Min.
PRO PORTION 30 kcal

ZUTATEN für 12 Personen
1 Handvoll getrocknete Shiitake-Pilze
   (in Streifen, ca. 20 g)
1 Stück frischer Ingwer (ca. 5 cm)
3 Knoblauchzehen
2 Stängel Zitronengras
3–4 kleine grüne Chilischoten
1,5 kg gemischte frische Pilze
   (z. B. Austernpilze, Champignons,
   Pfifferlinge und frische Shiitake-Pilze)
8 EL helle Sojasauce
Salz | Pfeffer
1 TL Zucker

1 Die getrockneten Shiitake-Pilze mit 3 l Wasser in einen Topf geben und aufkochen lassen. Den Ingwer schälen und in Scheiben schneiden. Den Knoblauch schälen und zerdrücken. Das Zitronengras waschen und mit dem Mörserstößel flach klopfen.

2 Die Chilischoten waschen und zusammen mit Ingwer, Knoblauch und Zitronengras in den Topf geben und bei mittlerer Hitze 15 Min. kochen lassen. Die Brühe abkühlen lassen, durch ein Sieb in einen anderen Topf füllen (die ausgelaugten Pilze und Gewürze wegwerfen).

3 Die frischen Pilze putzen und in mundgerechte Stücke oder Scheiben schneiden (bei den Shiitake-Pilzen die harten Stiele entfernen). Die Pilzbrühe erhitzen, die Pilze dazugeben und bei schwacher Hitze 4–5 Min. köcheln lassen. Die Suppe mit Sojasauce, Salz, Pfeffer und Zucker abschmecken.

Vorbereitungs-Tipp

Säubern Sie die frischen Pilze am besten mit einem Pinsel oder reiben Sie sie mit Küchenpapier ab. Sind sie sehr schmutzig, lässt sich das Waschen nicht vermeiden: Mit 2 EL Mehl schnell in kaltem Wasser durchspülen (das verhindert, dass sie sich vollsaugen). Anschließend auf Küchenpapier abtropfen lassen.

Servier-Tipp

Stellen Sie vier Schälchen mit folgenden Würzzutaten bereit, mit denen sich jeder seine Suppe individuell nachwürzen kann: 3 Limetten heiß waschen und in Schnitze schneiden. 2 Bund Koriandergrün waschen, trocken schütteln und die Blätter grob hacken. 3 Frühlingszwiebeln putzen, waschen und in feine Ringe schneiden. 6 kleine grüne Thai-Chilischoten fein schneiden, mit 6 EL Limettensaft, 4 EL heller Sojasauce und 1 TL Zucker verrühren.

Kokos-Crème-brûlée

mit knackiger Zuckerkruste

ZUBEREITUNG 25 Min.
GAREN 35 Min.
PRO PORTION 260 kcal

ZUTATEN für 12 Personen
800 ml Kokosmilch
200 g Zucker
2 Vanilleschoten
200 ml Kokoslikör (z. B. Batida de Coco)
10 Eigelbe | 4 Eier
12 ofenfeste Dessertförmchen (à 100 ml Inhalt)
Zum Überkrusten:
12 TL Zucker
Brûlée-Brenner (oder geröstete Kokoschips)

1 Die Kokosmilch mit dem Zucker in einem Topf erwärmen. Die Vanilleschoten längs aufschneiden, das Mark herauskratzen und mit den Schoten dazugeben. Einmal aufkochen lassen, vom Herd nehmen und Kokoslikör unterrühren, Vanilleschoten herausfischen.

2 Eigelbe und Eier in einer Schüssel verrühren, aber nicht schaumig schlagen. Kokosmischung unter ständigem Rühren mit dem Schneebesen einfließen lassen.

3 Den Backofen auf 160° vorheizen. 1–2 Auflaufformen mit Zeitungspapier auslegen (sorgt für gleichmäßige Hitzeverteilung) und die Dessertförmchen hineinstellen. Die Kokos-Ei-Mischung durch ein Sieb in einen Messbecher mit Ausgießer gießen und die Förmchen damit füllen. So viel heißes Wasser in die Auflaufformen gießen, dass die Dessertförmchen zu zwei Dritteln im Wasser stehen. Im Ofen (Mitte) in ca. 35 Min. stocken lassen. Herausnehmen, abkühlen lassen und bis zum Büfettaufbau in den Kühlschrank stellen.

4 Zum Servieren jeweils 1 TL Zucker auf die Oberfläche streuen und mit dem Brûlée-Brenner karamellisieren lassen. Oder mit Kokoschips bestreuen.

Tipp zum Portionieren

Kein Gematsche in der Dessertschüssel: Bereits portionierte Desserts sind immer ein Hingucker auf dem Büfett. Förmchen dafür gibt's für wenig Geld im Haushaltswarengeschäft. Oder Sie bereiten die Kokos-Crème-brûlée in feuerfesten Gläschen oder Tassen zu.

Maracuja-Granité

erfrischend

ZUBEREITUNG 20 Min.
KÜHLEN 3 Std.
PRO PORTION 60 kcal

ZUTATEN für 12 Personen
100 g Zucker | 12 Maracujas (Passionsfrüchte)
3 Orangen | 1 Limette

1 Eine flache Form im Tiefkühlfach vorkühlen. Den Zucker mit 300 ml Wasser in einem Topf aufkochen und bei mittlerer Hitze 10 Min. einkochen lassen. Vom Herd nehmen und den Zuckersirup abkühlen lassen.

2 Die Maracujas quer halbieren und das Fruchtfleisch samt Kernen herauslöffeln. Zwei Drittel davon durch ein feines Sieb streichen, um nur einen Teil der Kerne zu entfernen (der Rest bleibt). Orangen und Limette auspressen. Den Saft mit dem Maracujafruchtfleisch und dem Zuckersirup verrühren. In die Form gießen und mindestens 1 Std. ins Tiefkühlfach stellen.

3 Nach 1 Std. zum ersten Mal, dann im Abstand von 30 Min. noch zweimal herausnehmen und mit einer Gabel kräftig durchrühren, sodass viele kleine Eiskristalle entstehen. In eine Servierschüssel umfüllen und zugedeckt weiter tiefkühlen.

4 Das Maracuja-Granité 30 Min. vor dem Servieren im Kühlschrank etwas antauen lassen. Mit einem Eisportionierer in kleine Gläser füllen und mit den beiden anderen Desserts auf dem Büfett arrangieren.

im Bild links Maracuja-Granité ◆ *im Bild rechts* Kokos-Crème-brûlée

Exotische Früchte mit Würzzucker

macht was her

ZUBEREITUNG 30 Min.
PRO PORTION 150 kcal

ZUTATEN für 12 Personen
Für den Vanillezucker:
1 Vanilleschote | 4 EL Zucker
Für den Minzezucker:
1/2 Bund Minze | 4 EL Zucker
Für den Chilizucker:
1 große rote Chilischote
1 Msp. Salz | 4 EL Zucker
Außerdem:
ca. 2,5 kg exotische Früchte (eventuell vorbestellen):
z. B. 1 kleine Ananas, 2 Mangos, 2 Papayas,
2 Karambolen (Sternfrüchte), 1 Pitahaya, 200 g Litschis

1 Für die drei Würzzuckersorten die Vanilleschote längs
aufschneiden, das Mark herauskratzen und unter den
Zucker mischen. Mit der ausgekratzten Schote (am
besten schon einige Tage vorher) in ein Schraubglas
füllen und bis zum Servieren darin das Aroma annehmen lassen. Die Minze waschen und trocken schütteln,
die Blätter fein hacken und mit den Fingern mit dem
Zucker verreiben. Die Chilischote längs aufschneiden,
entkernen, waschen und fein hacken. Mit Salz und
Zucker mit den Fingern verreiben. In 3 Schälchen füllen
und zugedeckt beiseitestellen.

2 Die Ananas von Schopf und Stielansatz befreien, auf
die Arbeitsfläche stellen, längs schälen, vierteln und
den Strunk herausschneiden. Die Ananasviertel quer
in Stücke schneiden. Die Mangos schälen, das Fruchtfleisch längs vom Kern schneiden und die Hälften quer
in Scheiben schneiden und fächerförmig auslegen. Die
Papayas halbieren, entkernen, die Hälften schälen und
in Schnitze schneiden. Karambolen waschen und ungeschält in Scheiben schneiden. Die Pitahaya waschen,
ungeschält längs sechsteln und quer in Stücke schneiden.
Litschis schälen, zur Hälfte einschneiden und entkernen.

3 Die Früchte dekorativ auf einer Platte anrichten
und bis zum Servieren mit Klarsichtfolie abgedeckt
kühl, aber möglichst nicht in den Kühlschrank stellen.
Die Obstplatte mit den Würzzuckerschälchen aufs
Büfett stellen.

Austausch-Tipps

*Wenn Sie manche der Exoten schwer
oder gar nicht bekommen: Melonen,
Bananen (mit ein wenig Zitronensaft
beträufeln, damit sie nicht braun
werden!), Erdbeeren und Johannisbeerrispen schmecken auch zum Würzzucker. Maracujas haben ein unvergleichliches Aroma. Als Ersatz können Sie das
pürierte Fruchtfleisch von 3 reifen
Mangos für das Granité verwenden –
schmeckt anders, aber ebenfalls fein.*

Großes Familienfest

Im Kreise der Lieben

Taufe, Erstkommunion, Verlobung oder runder Geburtstag – es gibt **viele Anlässe,** die ganze Familie samt Großtante, Nichten und Neffen wieder einmal um sich zu scharen. Holen Sie das gute Essgeschirr und das Familiensilber aus dem Schrank – für diesen **besonderen Tag** ist das Beste gerade gut genug! Endlich ist mal wieder Zeit zum **Feiern, Reden, Lachen** und gemeinsamen Genießen. Wenn Sie Ihre Familie dann noch mit diesem Festbüfett verwöhnen, sind Ihnen alle **Sympathien** sicher und der Tag kann für jeden unvergesslich werden.

Großes Familienfest für 12 Personen

»Klassisch gut« lautet die Devise beim Familien-Büfett.

Gar nicht so leicht, ein Menü zu planen, das allen schmeckt, vom Großvater bis zum Enkel. Ein Büfett mit reichlich Auswahl ist da ideal. Ein Kalbsbraten kommt bei den meisten gut an, Spargel, Möhren und Zuckerschoten dazu ebenfalls. Und die selbst gemachten Basilikumnudeln sind in jedem Fall der Hit. Es gibt Vegetarier in der Runde? Dann bereiten Sie zusätzlich ein paar Aperitif-Häppchen mit Mango und Ziegenfrischkäse zu. Den Speck zum Wildkräutersalat richten Sie separat an, so kann man ihn auch weglassen. Bemessen Sie außerdem die Spargel- und Nudelmenge ein wenig großzügiger. Dazu bieten Sie als Ersatz für die Bratensauce frisches Basilikumpesto an.

Für die Planung

◆ Das gibt es zu essen
Garnelentürmchen
Schinken-Mango-Häppchen
Kerbelcremesuppe
Sellerie-Apfel-Salat
Wildkräutersalat mit Speck
Räucherfischterrine
Kalbsbraten
Basilikumnudeln
Spargel mit Kresse
Zuckerschoten-Möhren-Gemüse
Gugelhupf mit frischen Beeren

◆ Das brauchen Sie zusätzlich
3 Baguettes

◆ Das gibt es zu trinken
Zu den Appetithäppchen Prosecco mit einem
    Schuss Aperol (für die Kinder ein prickelndes
    Erfrischungsgetränk, z. B. Bionade)
Zur Räucherfischterrine und zu den Salaten
    Weißwein (z. B. Riesling)
Zum Hauptgang bleiben Sie bei Weißwein oder
    reichen einen weichen Rotwein (z. B. Zweigelt)
Wasser (still und mit Kohlensäure)
Für die Kinder Limonade oder Saftschorle
Nach dem Dessert Kaffee
Digestif (z. B. Grappa oder Obstbrand)

◆ Basilikumpesto
Für 4 Portionen die Blätter von 1 großen Bund Basilikum mit 2 EL gerösteten Pinienkernen (oder 12 Walnusshälften), 1 Knoblauchzehe und 8 EL Olivenöl fein pürieren. 3 EL frisch geriebenen Parmesan unterrühren und mit Salz, Pfeffer und 1 Spritzer Zitronensaft abschmecken. Zum Servieren 4 EL Nudelkochwasser unterrühren, dann lasst es sich gut über Gemüse und Nudeln träufeln.

So gemütlich es am Familientisch ist, irgendwann werden die Kinder (und oft nicht nur die) unruhig! Wie wäre es mit einer Runde Federball oder einem kleinen Verdauungsspaziergang? Anschließend schmeckt der Gugelhupf mit frischen Beeren noch mal so gut!

1 Tag vorher

◆ Räucherfischterrine zubereiten, kühl stellen
◆ Basilikumnudeln vorbereiten, auf dem Brett beiseitestellen
◆ Gugelhupf mit frischen Beeren zubereiten, kühl stellen
◆ Kerbelcremesuppe vorbereiten (bis Step 2)
◆ Spargel schälen

Am Festtag

◆ Kalbsbraten und Sauce zubereiten
◆ Inzwischen Zuckerschoten-Möhren-Gemüse vorbereiten (bis Step 2)
◆ Sellerie-Apfel-Salat zubereiten
◆ Wildkräutersalat mit Speck vorbereiten (Dressing und Speck noch separat)
◆ Garnelentürmchen und Schinken-Mango-Häppchen zubereiten
◆ Kerbelcremesuppe fertigstellen, in die Terrine füllen
◆ Fischterrine in Scheiben schneiden, anrichten und garnieren
◆ Vorspeisen und Suppe auf das Büfett stellen

Wenn die Gäste da sind

◆ Mit den Gästen anstoßen, Garnelentürmchen und Schinken-Mango-Häppchen dazu reichen
◆ Vorspeisen abtragen
◆ Spargel kochen
◆ Zuckerschoten-Möhren-Gemüse glasieren
◆ Sauce wärmen
◆ Nudeln kochen
◆ Braten schneiden, in die Warmhalteschale geben
◆ Sauce über den Braten und in die Sauciere geben
◆ Gemüse und Nudeln in Warmhaltebehältnisse geben
◆ Hauptgerichte abtragen; den Gugelhupf mit frischen Beeren stürzen, garnieren und auftragen
◆ Eventuell Kaffee kochen und einen Digestif anbieten

So geht's schneller

Statt der Räucherfischterrine kaufen Sie eine fertige Fischterrine. Die selbst gemachten Nudeln ersetzen Sie durch frische Bandnudeln aus der Kühltheke. Statt des Gugelhupfs mit frischen Beeren bestellen Sie eine Torte

beim Konditor (oder wünschen sich eine von der besten Tortenbäckerin der Familie als Mitbringsel).

Dekoration

Weiße Tischwäsche, edles Porzellan und Silberbesteck

Haben Sie an alles gedacht?

Gibt es ausreichend Geschirr, Besteck und Gläser? Ist eine Terrine für die Suppe da? Gibt es eine Sauciere für die Sauce? Sind Warmhaltevorrichtungen da? Sind Blumen für die Tischdekoration bestellt? Sind ausreichend passende Kerzen vorhanden?

Alles für die perfekte Familienfesttafel

Decken Sie den Tisch mit Ihrem besten Geschirr und dem schönen Familiensilber.

Auch wenn Sie die Speisen auf dem Büfett anrichten, sollten Sie beim Familienfest den Tisch eindecken. Dass Sie dafür die beste Tischdecke und Stoffservietten aus dem Schrank holen, versteht sich von selbst. Eine schön geschmückte Tafel ist ein wunderbarer Anblick, der dem Familienessen einen festlichen Rahmen gibt. Decken Sie den Tisch am besten schon am Vorabend, dann kommt am Festtag keine Hektik auf.

Geschirr, Besteck und Gläser

Sie besitzen Platzteller? Prima! Falls nicht, decken Sie mit den großen Tellern. (Wenn Sie nicht für jeden Gast zwei davon besitzen, sollten Sie sie vor dem Hauptgang wieder einsammeln und vorwärmen!). Den Vorspeisenteller platzieren Sie gleich darauf und legen die Serviette dazu.

Das Besteck wird von außen nach innen verwendet und dafür angeordnet: Gabel und Messer für das Hauptgericht liegen direkt links bzw. rechts des Tellers (das Messer mit der Schneide nach innen zeigend). Den Löffel für die Suppe legen Sie rechts neben das Messer.

Das, wenn Sie haben, etwas kleinere Vorspeisenbesteck liegt links bzw. rechts davon. Kuchengabel und Löffel für das Dessert werden oberhalb des Tellers eingedeckt. Ganz perfekt wird's mit einem kleinen Brotteller mit Buttermesser.

Die Gläser ordnen Sie folgendermaßen an: Das Glas für den Wein zum Hauptgericht stellen Sie genau oberhalb des Messers fürs Hauptgericht. Daran schließen sich nach rechts das Glas für das Getränk zur Vorspeise und das Wasserglas an. Zu kompliziert? Aber nein, das bekommen Sie hin!

Servietten und Tischdeko

Wenn Sie oder Ihre Kinder Freude an komplizierten Serviettenfalttechniken haben, nur zu! Nötig ist es im privaten Rahmen allerdings nicht. Einfach gefaltete oder gerollte Servietten im Serviettenring sind zeitlos schön. Möchten Sie eine Tischordnung festlegen? Dann setzen Sie Tischkärtchen oder zur übrigen Deko passende, mit Namen der Gäste beschriftete Dekoelemente (z. B. die Zierkürbisse auf Seite 137 fürs Thanksgiving-Essen) ein. Aber wer sitzt wo? Die traditionelle sogenannte bunte Reihe, also abwechselnd männliche und weibliche Gäste, können, müssen Sie beim Familienfest aber nicht unbedingt beachten. Der Jubilar oder der Ehrengast des Festes sollte in jedem Fall den besten Platz bekommen.

Was gehört sonst noch mit auf den Tisch? Blumen und Kerzen werten die Festtagstafel auf. Achten Sie dabei immer darauf, dass jeder Gast einen freien Blick auf sein Gegenüber hat. Die Dekoelemente sollten also nicht zu hoch sein.

Wie halten Sie es mit Salzstreuer und Pfeffermühle? Mancher Koch schätzt es gar nicht, wenn sein Essen nachgewürzt wird. Seien Sie großzügig, die Geschmäcker sind verschieden!

Braten bei Niedrigtemperatur

Mit der Niedrigtemperatur-Garmethode gelingen große Braten wie von Zauberhand superzart und saftig. Das ist ganz einfach, ein paar Dinge gibt es dabei zu beachten:

◆ Ihr Backofen muss konstant eine Temperatur von 80 Grad halten! Verlassen Sie sich dabei nicht auf die Grad-Angabe auf dem Schalter, denn im Bereich unter 100 Grad sind die meisten Herde ungenau. Testen Sie das unbedingt vorher mit einem Backofenthermometer (bekommen Sie für wenig Geld im Haushaltswarengeschäft). Gasherde sind für diese Methode leider untauglich, außer solche mit Elektro-Backrohr. Das funktioniert prima!

◆ Nehmen Sie die Bratenstücke 1 Stunde vorher aus dem Kühlschrank, damit sie beim Anbraten Zimmertemperatur haben. Heizen Sie den Backofen samt einer flachen, ofenfesten Form auf 80 Grad vor. Erhitzen Sie eine große Pfanne, geben Sie das Öl hinein und braten die Fleischstücke darin nacheinander rundherum, auch an den Enden, bei nicht allzu starker Hitze sorgfältig an. Halten Sie dabei die angegebene Anbratzeit ein, denn dadurch bekommt der Braten die gewünschte schützende Kruste und die nötige Grundtemperatur.

◆ Setzen Sie die Braten dann in die Form im Backofen (nicht mit einer Fleischgabel einstechen, sondern mit einem Pfannenwender umsetzen!) und garen Sie das Fleisch bei 80 Grad fertig. Wichtig: Nicht zudecken und keine Flüssigkeit angießen! Falls die Backofentemperatur schwankt, kontrollieren Sie das regelmäßig und regulieren die Hitze durch Höherschalten oder kurzes Öffnen der Backofentür.

Während das Fleisch nun seiner Vollendung entgegengart, können Sie sich in Ruhe um die Sauce und die Beilagen kümmern. Wenn Sie ganz sicher gehen möchten, kontrollieren Sie zum Ende der Garzeit die Kerntemperatur mit einem Bratenthermometer und warten ab, bis die gewünschte Gradzahl erreicht ist. Beim Kalbsbraten sind das 60 Grad, bei dem Asia-Roastbeef von Seite 51 ebenfalls.

Warmhalten im Ofen

Die Vorspeise hat länger gedauert oder Ihre Gäste haben sich verspätet? Kein Problem! Öffnen Sie am Ende der Garzeit die Backofentür, bis die Temperatur auf 60 Grad abgesunken ist. Bei dieser Temperatur bleibt der Braten bis zu 1 Stunde nahezu unverändert. Übrigens, das bei herkömmlich zubereiteten Braten obligatorische Ruhenlassen ist unnötig. Da sich beim Niedrigtemperaturgaren die Fleischsäfte über die gesamte Garzeit optimal verteilen, können Sie die Braten sofort in Scheiben schneiden.

Warmhalten auf dem Büfett

Füllen Sie die Suppe in eine vorgewärmte Terrine und stellen Sie die Suppenterrine aufs Büfett. Diese hält die Suppe ohne weitere Wärmequelle heiß. Der Braten und

die Beilagen würden auf einfachen Platten und in Schüsseln recht schnell auskühlen. Stellen Sie den in Scheiben geschnittenen Braten, das Gemüse und die Nudeln deshalb auf Rechauds. Das können einfache Wärmevorrichtungen mit Teelichtern drunter sein oder aufwendigere mit Stromkabel. Wer keine besitzt, kann sie beim Partyservice ausleihen. Vorsicht bei sogenannten »Chafing Dishes«, bei denen das Wasserbad mit einer Brennpaste erhitzt wird. In kleinen Räumen riecht die Brennpaste oft ein wenig unangenehm!

Schinken-Mango-Häppchen

fruchtig & würzig

ZUBEREITUNG 25 Min.
PRO STÜCK 120 kcal

ZUTATEN für 12 Stück
60 g weiche Butter
2 EL Mangochutney (aus dem Glas)
2 Frühlingszwiebeln
1/2 reife Mango
3 Scheiben Tramezzini-Weißbrot
   (ersatzweise 9 Scheiben entrindetes Toastbrot)
100 g dünn geschnittener Parma- oder
   Serranoschinken
12 Physalis
12 Holzspießchen

1 Die Butter zusammen mit dem Mangochutney pürieren. Frühlingszwiebeln putzen, waschen und fein schneiden. Die Mangohälfte schälen, das Fruchtfleisch sehr fein würfeln und mit den Frühlingszwiebeln mischen.

2 Eine Brotscheibe mit einem Viertel der Mangobutter bestreichen, die Hälfte des Schinkens in Wellen darauf verteilen (er soll möglichst nicht platt aufliegen), mit der Hälfte der Mango-Frühlingszwiebel-Mischung bestreuen. Die zweite Brotscheibe beidseitig dünn mit Mangobutter bestreichen und die erste damit abdecken. Übrigen Schinken und übrige Mango-Frühlingszwiebel-Mischung daraufgeben. Die letzte Brotscheibe einseitig mit der übrigen Mangobutter bestreichen, den Belag damit abdecken und etwas andrücken.

3 Die Brotscheiben mit einem scharfen Messer erst längs halbieren, dann quer in sechs Vierecke schneiden, sodass zwölf viereckige Türmchen entstehen.

4 Die Papierhüllen der Physalis vorsichtig öffnen und die Beeren mit einem Holzspießchen auf die Brottürmchen spießen. ————————◆-●-●

Austausch-Tipps

Statt Schinken passt auch Roastbeef oder fein geschnittene geräucherte Putenbrust sehr gut zur Mangobutter. Oder Sie verrühren 120 g Frischkäse mit 1–2 TL Tandoori-Paste aus dem Glas, bestreichen das Weißbrot damit und belegen es mit Rucola und dünn aufgeschnittener gebratener Hähnchenbrust.

Garnelentürmchen

fein zum Aperitif

ZUBEREITUNG 30 Min.
PRO STÜCK 90 kcal

ZUTATEN für 12 Stück
2 Eier | 1 TL geröstetes Sesamöl
Salz | Cayennepfeffer | 1 TL Butter
1 Handvoll Feldsalat (oder Babyspinat)
100 g Garnelen (in Salzlake)
100 g fettarmer Frischkäse (10 % Fett)
9 Scheiben Vollkorn-Toastbrot
12 Partygambas mit Schwanzflosse
12 Holzspießchen

1 Die Eier mit Sesamöl und je 1 Prise Salz und Cayennepfeffer verrühren, aber nicht schaumig schlagen. Die Butter in einem Pfännchen erhitzen, die Eier dazugießen und bei schwacher Hitze in ca. 5 Min. unter gelegentlichem Rühren stocken lassen. Vollständig abkühlen lassen.

2 Den Feldsalat putzen, waschen und sehr gut abtropfen lassen. Die Garnelen abtropfen lassen und mit Küchenpapier trocken tupfen. Kaltes Rührei, Frischkäse und Garnelen mit dem Pürierstab mittelfein pürieren.

3 Sechs Toasts mit der Creme bestreichen, den Feldsalat darauf verteilen. Je zwei bestrichene Toasts aufeinandersetzen und mit einer dritten Toastscheibe abdecken. Mit einem scharfen Messer entrinden und jeweils diagonal in vier Ecken schneiden, sodass zwölf dreieckige Türmchen entstehen. Die Gambas mit einem Holzspießchen daraufstecken. ————————◆-●-●

Varianten

Das Rührei nur mit dem Frischkäse pürieren und 100 g Räucherlachs in sehr feinen Streifen untermischen. Jedes Türmchen mit einer Rosette aus Lachs und einem Dillzweiglein dekorieren. Herzhafter schmecken die Türmchen, wenn Sie statt Vollkorntoast Vollkorn- oder Pumpernickeltaler verwenden (36 Stück für 12 Türmchen).

und winzig klein würfeln. Senf mit Honig, beiden Essig-sorten und Öl glatt rühren, die Kräuter untermischen. Mit Salz und Pfeffer würzen. Die Salatzutaten in eine Schüssel geben und mit der Salatsauce mischen.

4 Vor dem Servieren die Speckstreifen über den Wildkräutersalat streuen. Mit den Kapuzinerkresse-blüten dekorieren.

Wildkräutersalat mit Speck

toller Aromenmix

ZUBEREITUNG 25 Min.
PRO PORTION 135 kcal

ZUTATEN für 12 Personen
150 g Frühstücksspeck (Bacon)
1 Bund Löwenzahn (grün oder gelb)
100 g Portulak
1 Bund Sauerampfer
150 g Brunnenkresse
2 Bund gemischte Kräuter
  (z. B. Petersilie, Pimpernelle, Minze)
2 Schalotten | 1 TL Dijon-Senf
1 TL Waldhonig
2 EL Kräuteressig
1 EL Aceto balsamico
6 EL Olivenöl
Salz | Pfeffer
einige Kapuzinerkresseblüten für die Deko

1 Den Frühstücksspeck in schmale Streifen schneiden. In einer Pfanne ohne Fett knusprig braun braten. Auf Küchenpapier abtropfen lassen.

2 Von Löwenzahn, Portulak und Sauerampfer die groben Stiele abschneiden. Die Blätter etwas kleiner zupfen, waschen und gut abtropfen lassen. Die Brunnen-kresse von den groben Stielen befreien, waschen und trocken schleudern

3 Für die Salatsauce die Kräuter waschen, trocken schütteln und fein hacken. Die Schalotten schälen

Sellerie-Apfel-Salat

frisch-fruchtig

ZUBEREITUNG 30 Min.
PRO PORTION 130 kcal

ZUTATEN für 12 Personen
2 Staudensellerie (ca. 800 g) | Salz
5 Äpfel (z. B. Cox Orange, ca. 800 g)
2 Zitronen | Zucker | Pfeffer | 200 g Sahne
400 g saure Sahne | 2 Stängel Melisse

1 Den Staudensellerie in einzelne Stangen teilen. Das zarte Selleriegrün beiseitelegen. Die Stangen putzen, entfädeln und in feine Scheiben schneiden. Leicht mit Salz bestreuen und zugedeckt stehen lassen.

2 Die Äpfel schälen, achteln, entkernen und die Achtel quer in dünne Scheiben schneiden. Die Zitronen aus-pressen, die Apfelscheiben mit Zitronensaft und Sellerie-scheiben mischen. Mit Salz, Zucker und Pfeffer würzen.

3 Sahne steif schlagen, saure Sahne unterrühren. Die Creme locker unter den Salat heben. Melisse waschen, trocken schütteln, die Blätter abzupfen. Mit Selleriegrün grob hacken und unter den Salat mischen.

Variante – Selleriesalat mit Sonnenblumenkernen

2 kleine Knollensellerie schälen. 2 Zitronen auspressen. Den Sellerie erst in dünne Scheiben, dann in feine Stifte schneiden und mit Zitronensaft vermischen. Die Äpfel schälen, entkernen, in Stifte schneiden und mit den Selleriestiften mischen. 1 EL Mayonnaise oder Salat-creme (Fertigprodukt) mit 2 EL Weißweinessig ver-rühren. 400 g saure Sahne oder Crème fraîche dazugeben und glatt rühren. Die Creme unter die Sellerie-Apfel-Mischung heben, salzen und zuckern. 50 g Sonnenblu-menkerne rösten, abkühlen lassen und untermischen.

im Bild links Wildkräutersalat mit Speck ◆ *im Bild rechts* Sellerie-Apfel-Salat

Kerbelcremesuppe

sehr fein

ZUBEREITUNG 40 Min.
PRO PORTION 140 kcal

ZUTATEN für 12 Personen
100 g Kerbel
3 mittelgroße mehligkochende Kartoffeln
1 Bund Suppengrün
2 Schalotten
1 Knoblauchzehe
40 g Butter
1 1/2 l leichte Gemüsebrühe
250 g Sahne
2 cl Anisschnaps (z. B. Pernod; nach Belieben)
2 Eigelbe
Salz | Pfeffer

1 Den Kerbel waschen und trocken schütteln. Die Stängel abschneiden, die Blätter beiseitelegen. Die Kartoffeln waschen, schälen und in Scheiben schneiden. Suppengrün waschen, putzen, eventuell schälen und klein würfeln. Schalotten und Knoblauch schälen, beides würfeln.

2 Die Butter in einem breiten Topf erhitzen. Schalotten, Knoblauch, Suppengemüse, Kerbelstängel und Kartoffeln darin andünsten. Mit Brühe ablöschen, zwei Drittel der Kerbelblätter dazugeben, bei mittlerer Hitze kochen lassen, bis die Kartoffeln weich sind. Etwa 5 Min. abkühlen lassen, dann pürieren und durch ein Sieb passieren.

3 Die Kerbelsuppe mit 100 g Sahne und eventuell Anisschnaps in einen Topf geben und bei schwacher Hitze 5–8 Min köcheln lassen. 150 g Sahne steif schlagen, die Eigelbe unterrühren. Den übrigen Kerbel, bis auf einige Blättchen für die Deko, fein hacken.

4 Vor dem Servieren Eigelbsahne und gehackten Kerbel in die Suppe rühren. Nicht mehr kochen lassen. Salzen und pfeffern. Mit Kerbelblättchen bestreuen. ———◆◆
.

Gehaltvolle Varianten

Sie können diese Cremesuppe noch etwas aufpeppen. Lassen Sie das Eigelb einfach weg. Dafür 150 g Sahne steif schlagen und 1 TL Zitronensaft unterrühren. Die Zitronensahne kurz vor dem Servieren auf die Suppe geben. Oder statt Zitronensahne können Sie 75 g Mandelblättchen in einer Pfanne goldbraun rösten und obendrauf geben.

Räucherfischterrine

gelingt ganz leicht

ZUBEREITUNG 25 Min.
GAREN 1 Std.
PRO PORTION 220 kcal

ZUTATEN für 1 Pasteten- oder Kastenform
  (30 cm Länge, 12 Scheiben)
250 g Räucherlachs
2 geräucherte Forellenfilets (ca. 125 g)
250 g Crème fraîche
2 TL Tomatenmark
1/4 TL Cayennepfeffer
6 Eier (Größe M)
Salz | 2 cl Sherry (nach Belieben)
1 Bund Sauerampfer (oder 1 Handvoll
  junge Spinatblätter)
1 Stück frischer Meerrettich
2 Bio-Limetten
Butter für die Form

1 Räucherlachs und Forellenfilets grob zerpflücken.
Die Crème fraîche unter Rühren erwärmen, das Tomatenmark und Cayennepfeffer unterrühren. Den Räucherfisch dazugeben, kurz aufkochen lassen, dann mit
dem Pürierstab fein pürieren und abkühlen lassen.

2 Den Backofen auf 160° vorheizen. Die Form einfetten.
Die Eier trennen, die Eigelbe unter die Räucherfisch-
creme rühren. Die Eiweiße mit 1 Prise Salz steif schlagen. Eischnee und eventuell Sherry unter die Räucher-
fischcreme heben und die Creme in die Form füllen.

3 Die Form in die Fettpfanne des Backofens oder eine
Auflaufform stellen. Wasser so angießen, dass ein Drittel
der Form im Wasser steht. Die Terrine im Ofen (Mitte,
Umluft 140°) in ca. 1 Std. gar ziehen lassen, dann abkühlen lassen und vorsichtig aus der Form stürzen.

4 Sauerampferblätter waschen, trocken schütteln und
die groben Stiele abschneiden. Meerrettich schälen, in
feine Streifen schneiden oder auf der Gemüsereibe nicht
zu fein hobeln. Limetten heiß waschen, abtrocknen und
in dünne Scheiben schneiden. Die Terrine auf den Sau-
erampferblättern anrichten. Die Oberfläche mit Meerrettich und Limettenscheiben dekorieren. ———◆▸

UND DAZU

Senfcreme

*3 TL Honigsenf mit dem Saft von 1 Zitrone und
250 g Crème fraîche verrühren, salzen und pfeffern.*

Kräuter-Kapern-Creme

*4 Stängel Basilikum und 1 Bund Dill waschen, trocken
schütteln und die groben Stiele entfernen. Die Kräuter
hacken, mit 1 EL Kapern, 1 EL Kapernsud und
1 EL Olivenöl im Mixer pürieren. Das Püree mit
300 g saurer Sahne verrühren, salzen und pfeffern.*

Blätterteigfische

*Einen fertig ausgerollten Blätterteig (270 g) aus der
Kühltheke mit Eigelb bestreichen. Mit einer Ausstechform kleine Fische ausstechen. Ein Backblech mit
Backpapier belegen. Die Fische darauflegen. Im vorgeheizten Ofen bei 200° (Mitte, Umluft 180°) in 8–10 Min.
goldbraun backen. Zur Terrine servieren.*

Deko-Tipp

*Die Räucherfischterrine in Scheiben
schneiden, mit Limettenscheiben und
Dillzweigen dekorieren.*

Kalbsbraten

bei 80° sanft gegart

ZUBEREITUNG 30 Min.
GAREN 3 Std.
PRO PORTION 270 kcal

ZUTATEN für 12 Personen
2 Stücke Kalbsbraten (je ca. 1,2 kg, z. B. aus der Nuss)
Salz | Pfeffer | 3 Möhren | ca. 100 g Knollensellerie
2 Petersilienwurzeln | 2 Zwiebeln
4 Knoblauchzehen | 4 EL Öl | 1 EL Tomatenmark
4 Zweige Thymian | 500 ml trockener Weißwein
1–2 EL heller Saucenbinder (nach Belieben)

1 Backofen samt einer flachen, ofenfesten Form auf 80°
vorheizen. Bratenstücke von Häutchen und Sehnen
befreien, trocken tupfen, rundum salzen und pfeffern.

2 Das Gemüse waschen, putzen und grob zerschneiden.
Die Zwiebeln schälen und grob hacken. Den Knoblauch
ungeschält zerdrücken.

3 Das Öl in einem Bräter erhitzen, die Bratenstücke
darin einzeln jeweils 7–8 Min. von allen Seiten, auch an
den Enden, bei nicht zu starker Hitze anbraten, bis sich
alle Poren geschlossen haben. Die Braten nebeneinander
in die Form im Ofen setzen und in 3 Std. fertig garen.

4 Inzwischen die Zwiebeln und das Gemüse im Bräter
im Bratensatz anrösten. Tomatenmark, Knoblauch und
Thymianzweige dazugeben und unter Rühren 1 Min.
mit anbraten. Mit dem Wein und 1 l Wasser ablöschen,
aufkochen und halb zugedeckt bei schwacher Hitze
ca. 2 Std. köcheln lassen.

5 Die Sauce durch ein feines Sieb in einen Topf abgießen, das Gemüse gut ausdrücken und wegwerfen.
Die Sauce mit Salz und Pfeffer würzen und offen
bei schwacher Hitze einkochen lassen, bis der Braten
und die Beilagen fertig sind. Die Sauce vor dem Servieren nach Belieben mit dem Saucenbinder binden.

6 Die Kalbsbraten herausnehmen und quer zur Faser
in Scheiben schneiden. Fächerförmig in den Warmhaltebehälter legen. Die Hälfte der Sauce darübergeben,
den Rest in eine vorgewärmte Sauciere füllen. ━━◆◆

Tipps – Garen bei Niedrigtemperatur

*Sie haben noch nie einen Braten bei Niedrigtemperatur
zubereitet? Keine Sorge, es geht ganz einfach und Ihr
Braten wird damit superzart und saftig! Ein paar Dinge
sollten Sie allerdings beachten. Lesen Sie sich deshalb
bitte vorher genau die Beschreibung der Methode auf
Seite 62/63 durch.*

*Sie können auch einen großen Braten von 2,4 kg zuberei-
ten, ihn 10 Min. rundherum anbraten und ca. 6 Std. bei
80° garen. Nach unserer Erfahrung dringen allerdings
die Gewürze bei kleineren Braten besser bis zum Kern
vor, und jeder bekommt etwas von dem lecker angebra-
tenen Äußeren ab.*

*Aperitif und Vorspeise haben sich länger hingezogen als
gedacht und der Braten ist eigentlich schon servierbereit?
Kein Problem! Reduzieren Sie die Ofenhitze auf 60°. Der
Braten bleibt jetzt 1 gute Stunde nahezu unverändert.*

Reste-Tipp

*Reste vom Kalbsbraten können Sie
am nächsten Tag als kalten Braten für
Sandwiches verwenden oder daraus ein
Vitello tonnato zubereiten: Dafür das
Fleisch (möglichst auf der Schneide-
maschine) in dünne Scheiben schneiden
und auf einer Platte anrichten.
Für die Sauce 1 Dose Thunfisch in Öl
(185 g Abtropfgewicht) in einem Sieb
abtropfen lassen. Mit 6 EL Salatmayonnaise und 100 ml Kalbsfond
(aus dem Glas), 2 EL Zitronensaft und
2 EL Kapern fein pürieren. Mit Salz
und Pfeffer abschmecken und über
das Kalbfleisch träufeln. 1 EL Kapern
darüberstreuen und mit Zitronenschnitzen zum Beträufeln garnieren.*

1 Das Basilikum waschen und trocken schütteln, die Blätter abzupfen. Mit Öl, Zitronensaft und Salz im Mixer (oder in einem hohen Aufschlaggefäß mit dem Pürierstab) fein pürieren.

2 Das Mehl auf die Arbeitsfläche sieben, in die Mitte eine Mulde drücken. Die Eier aufschlagen, in die Mulde geben, das Basilikumpüree dazugeben und alles zu einem glatten, elastischen Teig verkneten. Den Teig in Klarsichtfolie wickeln und 1 Std. ruhen lassen.

3 Jeweils ein Stück Teig abschneiden. Den Rest wieder einwickeln, damit er nicht austrocknet. Das Teigstück etwas flach drücken, mit der Nudelmaschine immer dünner werdend auswalzen. Dann durch die Schneidewalze für Bandnudeln drehen. So den gesamten Teig verarbeiten. Die Nudeln mit Mehl bestäuben und locker auf einem Brett ausbreiten. 24 Std. an einem kühlen Ort trocknen lassen.

4 In einem großen Topf reichlich Wasser aufkochen lassen, kräftig salzen und die Nudeln darin in 3–4 Min. bissfest garen. In ein Sieb abgießen und abtropfen lassen. Die Butter in kleinen Stückchen mit den Nudeln wieder in den Topf geben und schwenken, damit sie nicht zusammenkleben.

Austausch-Tipp

Sie wissen, dass einige in Ihrer Familie keine Nudeln mögen? Dann reduzieren Sie die Nudelmenge entsprechend. Stattdessen für Petersilienkartoffeln pro Portion 150–200 g vorwiegend festkochende Kartoffeln schälen, in Stücke schneiden und in einem Topf mit Salzwasser in ca. 12 Min. weich kochen. Dann das Wasser abgießen, 1 Stückchen Butter und etwas fein gehackte Petersilie dazugeben und kurz schwenken.

Schnelle Variante

Keine Lust, die Nudeln selber zu machen? Dann kaufen Sie frische Bandnudeln aus der Kühltheke. Diese nach Packungsangabe garen, dann in Butter schwenken und mit fein geschnittenen Blättern von 2 Bund Basilikum mischen.

Basilikumnudeln

kräuterwürzig

ZUBEREITUNG 1 Std.
RUHEN 1 Std.
TROCKNEN 24 Std.
PRO PORTION 210 kcal

ZUTATEN für 12 Personen
2 Bund Basilikum
4 EL Olivenöl
1 El frisch gepresster Zitronensaft
1 TL Salz | 1 kg Mehl
10 Eier (Größe M)
40 g Butter
Mehl zum Bestäuben

Spargel mit Kresse

leichter Genuss

ZUBEREITUNG 1 Std.
GAREN 40 Min.
PRO PORTION 70 kcal

ZUTATEN für 12 Personen
2,5 kg weißer Spargel | 2 TL Salz
2 TL Zucker | 50 g Butter | 1 Kästchen Kresse

1 Den Spargel schälen, die holzigen Enden abschneiden. Die Schalen und Enden in 4 l Wasser mit Salz, Zucker und der Hälfte der Butter in 20 Min. garen. Dann durch ein Sieb in einen weiten Topf (oder Bräter), in dem der Spargel Platz hat, abgießen. Schalen ausdrücken und wegwerfen. Den Spargelsud aufkochen lassen, den Spargel dazugeben und je nach Dicke der Stangen offen bei mittlerer Hitze in 15–20 Min. garen.

2 Spargel vorsichtig in einen Warmhaltebehälter heben (die Enden zeigen in eine Richtung). Ca. 100 ml Spargelsud abmessen, die übrige Butter darin schmelzen und über den Spargel träufeln. Die Kresse vom Beet schneiden und mittig über den Spargel streuen.

Variante – mit Zitronenbutter

Wer die Kalorien nicht scheut, bereitet die doppelte Menge Zitronenbutter nach dem Rezept von Seite 98 zu. Die Butter in Scheiben auf den Spargel im Warmhaltebehälter legen und zugedeckt schmelzen lassen.

Vorbereitungs-Tipps

Sie können den Spargel schon am Vorabend schälen. Die Stangen dann so in ein feuchtes Küchentuch wickeln, dass die Spitzen herausschauen, und ins Gemüsefach im Kühlschrank legen. Wenn die Spitzen mit eingepackt sind, werden sie leicht unansehnlich und matschig. Den Spargelsud können Sie ebenfalls vorkochen und abgekühlt über Nacht in den Kühlschrank stellen.

Zuckerschoten-Möhren-Gemüse

mit knackigem Biss

ZUBEREITUNG 50 Min.
PRO PORTION 60 kcal

ZUTATEN für 12 Personen
2 Bund junge Möhren | Salz | 400 g Zuckerschoten
40 g Butter | Zucker | Pfeffer
frisch geriebene Muskatnuss | Eiswürfel

1 Das Grün der Bundmöhren auf ca. 3 cm kürzen und die Möhren so schälen, dass das Grün erhalten bleibt. In einem Topf Wasser aufkochen lassen, kräftig salzen und die Möhren darin in 7–8 Min. bissfest garen. Herausnehmen, in Eiswasser abschrecken und abtropfen lassen.

2 Während die Möhren kochen, die Zuckerschoten waschen, die Enden abschneiden, die Schoten eventuell entfädeln. Wasser aufkochen lassen, salzen, die Zuckerschoten darin in 5 Min. bissfest garen. In ein Sieb abgießen, in Eiswasser abschrecken und abtropfen lassen.

3 Zum Servieren die Butter in einer großen Pfanne schmelzen lassen. Die Möhren dazugeben, mit 1/2 TL Salz und 2 TL Zucker bestreuen und unter gelegentlichem Rütteln bei mittlerer Hitze 2–3 Min sanft braten, bis sie glänzen. Die Zuckerschoten dazugeben und in 2 Min. erwärmen. Das Gemüse mit Salz, Pfeffer und 1 Prise Muskat abschmecken.

Tipp

Wenn Sie keine ausreichend große Pfanne haben, glasieren Sie die Möhren in zwei Portionen in einer Pfanne. Die Zuckerschoten dann separat mit etwas Butter in einem Topf erwärmen und erst zum Servieren unter die Möhren mischen.

Schnelle Variante

Möhren mit Grün sehen sehr dekorativ aus, es braucht aber etwas Zeit, sie vorzubereiten. Wer Zeit sparen will, geht so vor: Die Möhren schälen, in schräge Scheiben schneiden und ohne Vorgaren in der Pfanne 1 Min. anbraten. Mit Salz und Zucker abschmecken. Zugedeckt bei schwacher Hitze in 6–7 Min. weich dünsten. Zum Servieren die blanchierten Zuckerschoten untermischen und mit Salz, Pfeffer und Muskat abschmecken.

im Bild links Zuckerschoten-Möhren-Gemüse
im Bild rechts Spargel mit Kresse

73

Gugelhupf mit frischen Beeren

ein Hingucker auf dem Büfett

ZUBEREITUNG 45 Min.
KÜHLEN 12 Std.
PRO PORTION 240 kcal

ZUTATEN für 1 Gugelhupfform (2 l Inhalt, 12 Stück)
600 g frische Erdbeeren
200 g Himbeeren (frisch oder TK)
2 Limetten
12 Blatt Gelatine
2 EL Johannisbeergelee
100 g Puderzucker
1 Vanilleschote
400 g Dickmilch
600 g Sahne
Walderdbeeren mit Grün für die Deko

1 Die Gugelhupfform mit kaltem Wasser ausspülen und in den Kühlschrank stellen. Die Erdbeeren vorsichtig waschen, putzen und je nach Größe in Viertel schneiden. Die frischen Himbeeren verlesen. Den Saft der Limetten auspressen. Die Gelatine in kaltem Wasser einweichen.

2 Johannisbeergelee und Limettensaft in einem Topf erhitzen. Erdbeeren, frische Himbeeren oder die aufgetauten Beeren und 50 g Puderzucker dazugeben, aufkochen und bei kleiner Hitze ca. 5 Min. köcheln lassen.

3 Die Beerenmasse mit dem Pürierstab fein pürieren und durch ein Haarsieb streichen. Das Püree wieder in den Topf geben und nochmals kurz erwärmen. Die Gelatine etwas ausdrücken und darin auflösen. Das Beerenpüree abkühlen lassen.

4 Die Vanilleschote längs halbieren, das Vanillemark mit einem Messer herauskratzen. Die Dickmilch mit dem restlichen Puderzucker, Vanillemark und Beerenpüree glatt rühren. Die Sahne steif schlagen und vorsichtig unter die Beerencreme rühren.

5 Die Beerencreme in die Gugelhupfform füllen und am besten über Nacht in den Kühlschrank stellen. Zum Servieren den Beerengugelhupf mit einem spitzen Messer am Rand vorsichtig lösen, auf eine Platte stürzen und mit den Walderdbeeren dekorieren.

Austausch-Tipps

Die Dickmilch durch 250 g Mascarpone oder fettarmen Frischkäse ersetzen. 1–2 EL Cointreau oder Johannisbeer-Likör (Cassis) unter die Creme rühren. Und statt Johannisbeergelee einfach Himbeersirup nehmen.

Mediterranes Büfett

Entspannt genießen

Die Sommersonne bringt heiße Tage und warme Nächte – jetzt ist die beste Zeit für ein fröhliches **Sommerfest.** Und was schmeckt dabei besser als Mediterranes aus unseren Lieblings-urlaubsländern Spanien und Italien? Am schönsten feiert es sich natürlich draußen im Garten oder auf der Terrasse. Wer keins von beidem hat, tröstet sich mit dem Mix aus herrlich-leichten Sommer-gerichten. Die holen Urlaubsstimmung auch in die kleinste Wohnung! Also: Die Fenster weit geöffnet, die CD mit spanischer Gitarren-musik eingelegt, und schon kann die Party steigen!

Mediterranes Büfett für 8 Personen

Köstliches aus dem sonnigen Süden fürs Gartenfest mit Familie und Freunden.

Wer sagt denn, dass Sangría nur in Spanien schmeckt? Servieren Sie das fruchtige Getränk einfach im Eimer – da kommen alle schnell in Feierlaune. Für die Kinder mischen Sie roten Traubensaft mit Fruchtstückchen und gießen mit Mineralwasser oder weißer Limonade auf. Alle Vorspeisen und Salate bauen Sie auf einem rustikalen Holztisch auf. Das Highlight des Büfetts ist eine Paella – leuchtend gelber Safranreis mit Fleisch, Gemüse und Riesengarnelen, alles in der typischen spanischen Henkelpfanne zubereitet und serviert – ein Gedicht! Die Aprikosen-Ricotta-Creme behalten Sie noch zurück. Die servieren Sie zum Schluss, schön gekühlt, zusammen mit dem Käse als Nachtisch.

Für die Planung

◆ **Das gibt es zu essen**
Tintenfisch-Carpaccio
Gefüllte Kirschtomaten
Wassermelonen-Tomaten-Gazpacho
Auberginen mit Thymianhonig
Empanadillas mit Thunfisch
Paella
Gegrillter Zucchinisalat
Orangensalat mit Oliven
Rucolasalat mit Parmesanchips
Aprikosen-Ricotta-Creme
Manchego mit Kirschchutney

◆ **Das brauchen Sie zusätzlich**
800 g Ciabatta oder Baguette
Je 300 g Oliven und geröstete Salzmandeln

◆ **Das gibt es zu trinken**
Sangría als Aperitif
Trockener Weißwein (z. B. Trebbiano)
Leichter Rotwein (z. B. Valpolicella)
Wasser

◆ **Sangría (für 12 Gläser)**
Je 2 Bio-Orangen und -Zitronen waschen und in Scheiben schneiden. Mit 2 EL Zucker und 5–6 EL spanischem Brandy (nach Belieben) in einen Krug oder Eimer mit 3 l Inhalt geben. 2 reife Pfirsiche häuten, das Fruchtfleisch würfeln. 2 Äpfel schälen, vierteln, das Kerngehäuse entfernen und die Viertel würfeln. Beides dazugeben. Mit 2 Flaschen spanischem Rotwein (0,75 l) auffüllen, 4 Std. kalt stellen und ziehen lassen. Zum Servieren mit 1 Flasche eisgekühltem Mineralwasser auffüllen.

Die Paella auf der offenen Feuerstelle vor den Augen der Gäste zuzubereiten, ist eine kleine Herausforderung. Wer sich das nicht zutraut, bereitet sie kurz vor deren Eintreffen auf dem Herd zu und hält sie zugedeckt bei 70° im Backofen warm.

2 Tage vorher

◆ Kirschchutney zubereiten, kalt stellen

1 Tag vorher

◆ Aprikosen-Ricotta-Creme zubereiten, kühl stellen (Mandelstifte rösten und separat aufbewahren)
◆ Orangensalat mit Oliven zubereiten, kühl stellen
◆ Auberginen mit Honig zubereiten, kühl stellen
◆ Wassermelonen-Tomaten-Gazpacho zubereiten, kühl stellen
◆ Die Oktopusse kochen, abkühlen lassen, kühl stellen

Am Festtag

◆ Gegrillten Zucchinisalat zubereiten, beiseitestellen
◆ Empanadillas backen, beiseitestellen
◆ Parmesanchips für den Rucolasalat herstellen, beiseitelegen
◆ Gefüllte Kirschtomaten zubereiten
◆ Tintenfisch aufschneiden, Carpaccio anrichten, kühl stellen
◆ Rucolasalat zubereiten, Dressing und Parmesanchips separat hinstellen
◆ Manchego aufschneiden, mit dem Kirschchutney anrichten
◆ Mandelstifte auf die Aprikosen-Ricotta-Creme streuen
◆ Wassermelonen-Tomaten-Gazpacho in Gläser füllen, mit rotem Pfeffer und Melonenecken garnieren
◆ Zutaten für die Paella vorbereiten und zurechtlegen
◆ Oliven und Mandeln in Tonschalen geben

Wenn die Gäste da sind

◆ Rucolasalat mit Dressing und Parmesanchips mischen
◆ Paella zubereiten

So geht's schneller

Statt des Tintenfisch-Carpaccios kaufen Sie 500 g fertigen Tintenfisch- oder Meeresfrüchtesalat und garnieren ihn mit Zitronenschnitzen. Die gefüllten Kirschtomaten und die Auberginen mit Thymianhonig ersetzen Sie durch fertige Antipasti: Je 300 g eingelegte getrocknete Tomaten und Artischockenherzen kommen in hübsche Tonschalen. Legen Sie noch 400 g gegrillte Auberginen auf einer Platte aus, hacken Sie 1 Knoblauchzehe und die

Blätter von 1/2 Bund Petersilie und streuen Sie beides darüber. Statt der Empanadillas kaufen Sie eine Focaccia (würziger italienischer Teigfladen) zum Fertigbacken, backen Sie den Fladen kurz vorher im Ofen auf, schneiden Sie ihn in Rauten. Statt Kirschchutney schmeckt Feigen- oder Quittensenf aus dem Glas zum Käse.

Dekoration

Sanfte Erdtöne und Naturholz verleihen dem Büfett einen rustikal-mediterranen Anstrich. Tontöpfchen mit Thymian, Rosmarin und Lavendel passen gut dazu.

Haben Sie an alles gedacht?

An die Paellapfanne mit Gasbrenner (entweder aus dem Baumarkt oder vom Partyservice)? Sind genügend Gläser für Gazpacho, Dessert und Sangría da?

Gefüllte Kirschtomaten

frisch-würzig

ZUBEREITUNG 45 Min.
PRO PORTION 120 kcal

ZUTATEN für 8 Personen
150 g Mini-Mozzarella-Kugeln (ca. 18 Stück)
1 Bund Minze
50 g geschälte Mandeln
3 EL Olivenöl
1 TL frisch gepresster Zitronensaft
1 EL frisch geriebener Parmesan
Salz | Pfeffer
18 mittelgroße Kirschtomaten
2–3 Blätter Eisbergsalat

1 Den Mozzarella in ein Sieb abgießen und abtropfen lassen. Die Minze waschen und trocken schütteln, die Blätter abzupfen. Ein Viertel davon in feuchtes Küchenpapier wickeln und beiseitelegen. Den Rest mit den Mandeln, dem Öl und dem Zitronensaft im Blitzhacker fein zerkleinern. Den Parmesan unterrühren und mit Salz und Pfeffer würzig abschmecken.

2 Die Kirschtomaten waschen. Jeweils oben eine Kappe abschneiden, die Tomaten mit einem Kugelausstecher aushöhlen und umgedreht auf Küchenpapier setzen und abtropfen lassen.

3 Den Salat waschen, abtrocknen, in feine Streifen schneiden und eine kleine flache Form damit auslegen (sieht hübsch aus und die gefüllten Tomaten haben auf dieser Unterlage später Halt).

4 Die Tomaten mit dem Minze-Pesto füllen und je eine Mozzarella-Kugel hineinstecken. Die Tomaten dicht an dicht in die Form setzen und mit Klarsichtfolie abgedeckt kalt stellen.

5 Kurz vor dem Servieren die übrige Minze fein schneiden. Die Mozzarella-Kugeln leicht salzen und die Minze darüberstreuen.

Tintenfisch-Carpaccio

edel

ZUBEREITUNG 1 Std.
MARINIEREN 1 Std.
PRO PORTION 160 kcal

ZUTATEN für 8 Personen
2 kleine Oktopusse
(ca. 1 kg; frisch oder TK und aufgetaut)
2 Lorbeerblätter | Pfeffer
2 Knoblauchzehen
6 EL Olivenöl
Salz | 1 EL Pistazienkerne

1 Die Oktopusse waschen. In einem großen Topf Wasser aufkochen lassen, die Lorbeerblätter und reichlich frisch gemahlenen Pfeffer dazugeben. Die Oktopusse mit den Tentakeln zuerst ins kochende Wasser halten, bis sie sich einrollen. Dann ganz hineingeben und ca. 30 Min. kochen lassen, bis sie weich sind. Herausnehmen und abkühlen lassen.

2 Den Knoblauch schälen, sehr fein hacken und mit dem Öl verrühren. Eine große Platte mit etwas Knoblauchöl einpinseln. Die Oktopusse (am besten mit der Aufschnittmaschine) in ca. 2 mm dünne Scheiben schneiden und auf der Platte verteilen. Salzen und mit dem übrigen Knoblauchöl beträufeln. Mit Klarsichtfolie abdecken und mindestens 1 Std. kalt stellen.

3 Vor dem Büfettaufbau die Pistazienkerne hacken und über das Tintenfisch-Carpaccio streuen.

Gut zu wissen

Geben Sie kein Salz ins Kochwasser, das macht den Tintenfisch hart. Wenn Sie eine Aufschnittmaschine benutzen, diese sofort danach gründlich mit Seifenlauge reinigen und mit Zitronensaft abreiben: Das vertreibt den Fischgeruch!

1 Das Brot mit einem Messer entrinden, in eine Schüssel bröseln und mit dem Essig beträufeln. Die Tomaten kreuzförmig einritzen und die Stielansätze herausschneiden. Mit kochendem Wasser überbrühen, kalt abschrecken und häuten. Die Tomaten quer halbieren, entkernen und das Fruchtfleisch grob würfeln.

2 Die Wassermelone von Schale und Kernen befreien und ebenfalls grob würfeln. Die Paprikaschote halbieren, putzen, waschen und in Stücke schneiden.

3 Das eingeweichte Brot zusammen mit den Tomaten, der Wassermelone, den Paprikastücken, 5 EL Olivenöl, je 1 kräftigen Prise Salz und Pfeffer in den Mixer geben und fein pürieren (oder in einem hohen Aufschlaggefäß mit dem Pürierstab pürieren).

4 Den Gazpacho mit Klarsichtfolie abdecken und noch mindestens 2 Std. in den Kühlschrank stellen.

5 Die rosa Pfefferkörner in einen Mörser geben und grob zerstoßen (oder mit einem schweren Messer grob hacken). Die Wassermelonenspalte samt Schale quer in 8 dekorative Ecken schneiden.

6 Den Gazpacho noch einmal kräftig mit Salz und Pfeffer abschmecken. In die Gläser füllen, mit jeweils 1/2 TL Olivenöl beträufeln und mit etwas gestoßenem rosa Pfeffer bestreuen. Jeweils 1 Melonenecke an den Rand der Gläser stecken.

Wassermelonen-Tomaten-Gazpacho

erfrischendes Süppchen

ZUBEREITUNG 30 Min.
KÜHLEN 2 Std.
PRO GLAS 140 kcal

ZUTATEN für 8 Gläser (à 150 ml Inhalt)
1 Stück altbackenes Weißbrot (ca. 50 g)
6 EL Sherryessig | 600 g reife Tomaten
600 g Wassermelone (geputzt gewogen)
1 rote Paprikaschote | ca. 9 EL Olivenöl
Salz | Pfeffer | 1 gehäufter EL rosa Pfefferkörner
1 Spalte Wassermelone für die Deko

Servier-Tipp

Füllen Sie eine weite Schale mit gestoßenem Eis (Crushed Ice) und stellen Sie die leeren Gläser hinein. Um die Gläser ohne Schlieren zu füllen, geben Sie das Süppchen in einen Messbecher mit Ausgießer. Und gießen Sie es erst am Büfett in die Gläser.

Auberginen mit Thymianhonig

ungewöhnlich

ZUBEREITUNG 25 Min.
PRO PORTION 70 kcal

ZUTATEN für 8 Personen
1 mittelgroße Aubergine (ca. 400 g)
Salz | ca. 4 EL Olivenöl
1 EL frische Thymianblätter
3 EL Honig
Backpapier für das Backblech

1 Die Aubergine waschen, putzen und quer in gleichmäßige, ca. 4 mm dicke Scheiben schneiden. Die Auberginenscheiben salzen, in einem Sieb aufeinanderstapeln und ca. 10 Min. Wasser ziehen lassen.

2 Inzwischen den Backofen auf 220° vorheizen. Ein Backblech mit Backpapier belegen und mit 1 EL Öl einpinseln. Die Auberginenscheiben kalt abbrausen, mit Küchenpapier trocken tupfen, auf dem Blech verteilen und mit dem übrigen Öl einpinseln.

3 Die Grillfunktion dazuschalten und die Auberginen im Backofen (oben, Umluft 200°) 5–8 Min. grillen. Herausnehmen und lauwarm abkühlen lassen. Die Auberginenscheiben dachziegelförmig auf einer Platte anrichten.

4 Den Thymian fein hacken. Den Honig in einem Pfännchen erwärmen, 1 Prise Salz und den Thymian dazugeben. Den Thymianhonig warm über die Auberginen träufeln.

Empanadillas mit Thunfisch

mögen auch Kinder

ZUBEREITUNG 30 Min.
BACKEN ca. 25 Min.
PRO STÜCK 185 kcal

ZUTATEN für 12 Stück
1 Zwiebel | 1/2 gelbe Paprikaschote | 1 Tomate
1 Dose Thunfisch (in Öl, 185 g Abtropfgewicht) | Salz
Pfeffer | 450 g TK-Blätterteig (6 rechteckige Scheiben)
1 Eigelb | 1 EL Milch | Backpapier für das Backblech

1 Zwiebel schälen und fein hacken. Paprikahälfte putzen, waschen und klein würfeln. Die Tomate waschen, halbieren, entkernen und klein würfeln. 2 EL Öl aus der Thunfischdose in eine Pfanne geben. Den Thunfisch in ein Sieb abgießen und abtropfen lassen. Das Öl erhitzen. Die Zwiebel darin in 1 Min. glasig anbraten. Paprikawürfel und Thunfisch dazugeben und 1 Min. unter Rühren mitbraten. Die Tomate unterrühren und 2 Min. mitdünsten. Mit Salz und Pfeffer würzen, vom Herd nehmen und vollständig abkühlen lassen.

2 Den Ofen auf 200° vorheizen. Ein Backblech mit Backpapier belegen. Teigscheiben nebeneinander auf der Arbeitsfläche auftauen lassen und halbieren, sodass 12 Quadrate entstehen. Je ein Zwölftel der Füllung daraufgeben, Teig zusammenklappen. Die Ränder fest andrücken und mit einer Gabel einkerben, damit die Füllung beim Backen nicht herausquillt. Mit etwas Abstand auf das Blech setzen. Eigelb und Milch verrühren und die Teigtäschchen damit einpinseln. Im Ofen (Mitte, keine Umluft) in ca. 25 Min. goldbraun backen. Herausnehmen und abkühlen lassen.

Gut zu wissen

»Empanado« bedeutet auf Spanisch »in Brot Eingebackenes«, Empanadillas sind also Teigtäschchen. Die Füllung kann variieren: Spinat, Schafkäse und Frühlingszwiebeln, Brokkoli, Pellkartoffelwürfel und Räucherlachs, Ziegenkäse, getrocknete Tomaten und Pinienkerne sind leckere Kombinationen.

im Bild links Auberginen mit Thymianhonig
im Bild rechts Empanadillas mit Thunfisch

Paella

spanisches Sommergericht

ZUBEREITUNG 1 Std. 30 Min.
PRO PORTION 700 kcal

ZUTATEN für 8 Personen
150 g feine grüne Bohnen | Salz
1 große rote Paprikaschote
4 Knoblauchzehen
4 Kaninchenkeulen (je ca. 250 g)
4 Hähnchenkeulen (je ca. 250 g)
2 Hähnchenbrüste (mit Haut, je ca. 300 g)
16–20 große Miesmuscheln
6 EL Olivenöl
1 l Geflügelbrühe (Instant)
1 TL Safranfäden (0,5 g)
1 EL edelsüßes Paprikapulver
400 g Paella-Reis (spanischer Rundkornreis)
16 ungeschälte rohe Riesengarnelen (ca. 400 g)
1 Paella-Pfanne für 8 Personen

1 Die Bohnen waschen und putzen. Wasser in einem Topf aufkochen lassen, salzen und die Bohnen darin 3 Min. blanchieren. Die Bohnen in ein Sieb abgießen, kalt abschrecken, abtropfen lassen und in ca. 3 cm große Stücke schneiden. Die Paprikaschote putzen, waschen und in Streifen schneiden. Den Knoblauch schälen und fein hacken.

2 Die Kaninchenkeulen kalt abwaschen und abtrocknen, das Fleisch auslösen und in mundgerechte Stücke schneiden. Die Hähnchenkeulen und -brüste kalt waschen und abtrocknen. Die Keulen im Gelenk auseinanderschneiden. Die Brustfilets entlang des Brustbeins auslösen und samt Haut quer in je 3 Stücke schneiden. Die Muscheln unter fließend kaltem Wasser abbürsten, eventuell entbarten; beschädigte Exemplare aussortieren, die guten in einem Sieb abtropfen lassen.

3 Die Paella-Pfanne heiß werden lassen und 4 EL Öl dazugeben. Die Paprikastreifen darin 1 Min. anbraten, herausnehmen und beiseitestellen. Die Hähnchenteile darin unter Wenden bei mittlerer Hitze in ca. 10 Min. goldbraun braten. Den Knoblauch und die Kaninchenstücke dazugeben und 5 Min. unter Wenden mitbraten. Alles salzen.

4 Die Brühe angießen und aufkochen lassen. Safran und Paprikapulver unterrühren und die Bohnen hinzufügen. Kräftig mit Salz abschmecken (späteres Nachsalzen der Paella ist schwierig). Den Reis einstreuen, gleichmäßig in der Pfanne verteilen. Ab jetzt nicht mehr umrühren! Die Paella offen bei starker Hitze 12 Min. kochen lassen.

5 Inzwischen die Garnelen kalt abwaschen und mit Küchenpapier trocken tupfen. Die Hitze reduzieren und die Garnelen und die gebratenen Paprikastreifen dekorativ auf der Paella anordnen.

6 Die Paella offen bei schwacher Hitze in ca. 8 Min. fertig garen (der Reis muss die Brühe vollständig aufgesaugt haben, die Körner sollen aber noch leichten Biss haben). Vom Herd nehmen und mit einem Küchentuch abgedeckt noch 5 Min. ruhen lassen.

Austausch-Tipps

Wer kein Kaninchenfleisch mag, ersetzt es durch mageres Schweinefleisch. Statt der grünen Bohnen schmecken auch Erbsen.

Tintenfisch-Variante

Sie können zusätzlich mit den Muscheln noch 250 g frische Tintenfischringe anbraten. Da es bei diesem Büfett schon das Tintenfisch-Carpaccio gibt, haben wir sie hier weggelassen.

Gut zu wissen

Die Paella wird traditionell auf offenem Feuer im Freien zubereitet. Bei uns gibt es die speziellen flachen Pfannen mit Gaskocher in Großmärkten, und man kann sie beim Partyservice ausleihen. Wenn Sie keinen spanischen Rundkornreis bekommen, kaufen Sie italienischen Risottoreis (z. B. Vialone oder Arborio), der ist sehr ähnlich.

1 Die Pinienkerne in einer Pfanne ohne Fett bei schwacher Hitze goldbraun rösten. Herausnehmen und abkühlen lassen.

2 Die Zucchini waschen und in ca. 3 mm dünne Scheiben schneiden oder hobeln. 4 EL Öl in ein Schälchen geben. Den Knoblauch schälen und dazupressen.

3 Eine Grillpfanne erhitzen, die Stege mit etwas von dem übrigen Öl einpinseln. Die Zucchinischeiben portionsweise einlegen und darin bei mittlerer Hitze von jeder Seite ca. 3 Min. braten. Vor dem Wenden jeweils mit Knoblauchöl einpinseln und mit etwas getrocknetem Thymian bestreuen. Zum Schluss salzen, pfeffern und herausnehmen.

4 Die Zucchinischeiben auf einer Platte anrichten und mit dem Zitronensaft beträufeln. Die Tomaten waschen, quer halbieren, entkernen und klein würfeln. Die getrockneten Tomaten abtropfen lassen und ebenfalls klein würfeln.

5 Frische und getrocknete Tomatenwürfel mit dem restlichen Knoblauchöl mischen, salzen und pfeffern und über die Zucchini verteilen. Vor dem Büfettaufbau mit Pinienkernen bestreuen.

Gegrillter Zucchinisalat

würzig

ZUBEREITUNG 45 Min.
PRO PORTION 110 kcal

ZUTATEN für 8 Personen
2 EL Pinienkerne
4 Zucchini (ca. 800 g)
ca. 6 EL Olivenöl
2 Knoblauchzehen
ca. 2 TL getrockneter Thymian
Salz | Pfeffer
4 EL frisch gepresster Zitronensaft
2 Tomaten
4 getrocknete in Öl eingelegte Tomaten

Variante – Fenchel mit Parmesan

Dafür 4 Fenchelknollen putzen, waschen und längs in dünne Scheiben schneiden oder hobeln. Den Backofen auf 200° vorheizen, ein Backblech mit Backpapier belegen. Den Fenchel darauf verteilen und mit 4 EL Öl beträufeln. Im Ofen (Mitte, Umluft 180°) ca. 15 Min. backen, dabei 2–3-mal wenden. Salzen und pfeffern. Abkühlen lassen und auf einer Platte anrichten. Mit Zitronensaft beträufeln, mit gerösteten Pinienkernen bestreuen und mit dem Sparschäler Parmesanspäne darüberhobeln.

im Bild unten Gegrillter Zucchinisalat ◆ *im Bild oben* Orangensalat mit Oliven

Rucolasalat mit Parmesanchips

italienisch

ZUBEREITUNG 30 Min.
PRO PORTION 120 kcal

ZUTATEN für 8 Personen
100 g Parmesan am Stück
2 EL Kürbiskerne
1 EL Semmelbrösel
600 g Eiertomaten
2 Bund Rucola
2 EL Weißweinessig
1 EL Aceto balsamico
1/2 TL Zucker
1/2 TL mittelscharfer Senf
4 EL Olivenöl
Salz | Pfeffer
Backpapier für die Backbleche

1 Den Backofen auf 180° vorheizen. 2 Backbleche mit Backpapier belegen. Den Parmesan fein reiben, die Kürbiskerne grob hacken und beides mit den Semmelbröseln mischen. Aus der Masse mit einem Löffel 20 Häufchen mit etwas Abstand auf die Bleche setzen und zu ca. 5 cm großen Talern ausstreichen. Im Ofen (Mitte, Umluft 160°) in ca. 6 Min. goldbraun backen. Herausnehmen und abkühlen lassen.

2 Inzwischen die Tomaten waschen und in Scheiben schneiden. Rucola waschen, die groben Stiele entfernen und die Blätter in mundgerechte Stücke zupfen. Beides in einer Schale verteilen und zugedeckt beiseitestellen.

3 Beide Essigsorten mit Zucker, Senf, Öl, 2 EL Wasser und je 1 kräftigen Prise Salz und Pfeffer in ein dicht schließendes Schraubglas geben, kräftig schütteln und beiseitestellen. Das Dressing vor dem Servieren noch einmal kräftig schütteln, über den Salat träufeln und die Parmesanchips dazwischenstecken.

Orangensalat mit Oliven

andalusische Spezialität

ZUBEREITUNG 25 Min.
MARINIEREN 2 Std.
PRO PORTION 80 kcal

ZUTATEN für 8 Personen
6 Orangen
1 weiße Zwiebel | Salz
1/2 TL gemahlener Kreuzkümmel
2 EL Öl | 150 g getrocknete schwarze Oliven

1 Die Schale mit einem scharfen Messer von den Orangen schneiden, dabei die weiße Haut mitentfernen. Das Fruchtfleisch in dünne Scheiben schneiden, dabei den Saft auffangen.

2 Die Zwiebel schälen, in dünne Scheiben schneiden oder hobeln und in Ringe auseinanderlösen. Den aufgefangenen Orangensaft mit 1 Prise Salz, Kreuzkümmel und Öl verrühren. Zwiebelringe einlegen und mischen.

3 Die Orangenscheiben, die getrockneten Oliven und die marinierten Zwiebelringe in mehreren abwechselnden Lagen in eine Glasschüssel schichten und mit Klarsichtfolie abgedeckt bei Zimmertemperatur mindestens 2 Std. ziehen lassen.

Tipp – Oliven einlegen

Getrocknete Oliven eignen sich auch prima zum Einlegen, weil sie Flüssigkeit und Aromen sehr gut aufsaugen: Dafür 1 Bio-Orange heiß waschen, abtrocknen und die Schale mit einem Zestenreißer in Streifen abziehen. Dann den Saft von 2 Orangen erhitzen, aber nicht kochen lassen. 1 EL Fenchelsamen und die Orangenschale unterrühren und über 400 g getrocknete Oliven gießen. Zugedeckt mindestens 2 Tage in den Kühlschrank stellen und ziehen lassen, gelegentlich umrühren. Die marinierten Oliven schmecken fabelhaft zu luftgetrocknetem Schinken (Serrano, Parma, San Daniele) oder italienischer Fenchelsalami.

im Bild Rucolasalat mit Parmesanchips   87

Aprikosen-Ricotta-Creme

zum Dahinschmelzen

ZUBEREITUNG 25 Min.
KÜHLEN 4 Std.
PRO PORTION 300 kcal

ZUTATEN für 8 Personen
80 g Mandelstifte
500 g Aprikosen
3 EL Puderzucker
250 g Ricotta
3 EL Ahornsirup
3 EL frisch gepresster Limettensaft
100 g Sahne
150 g Amarettini (italienische Mandelmakronen)
8 EL Mandellikör (z. B. Amaretto)

1 Die Mandelstifte in einer Pfanne ohne Fett bei schwacher Hitze goldbraun rösten, herausnehmen und beiseitestellen. Die Aprikosen waschen, halbieren, entsteinen und in Spalten schneiden.

2 Den Puderzucker in der Pfanne zu hellem Karamell schmelzen lassen. Die Aprikosen dazugeben und darin 1 Min. schwenken. Dann vom Herd nehmen und abkühlen lassen. Für die Creme den Ricotta mit Ahornsirup und Limettensaft verrühren. Die Sahne steif schlagen und unter die Creme ziehen.

3 Die Amarettini in 8 Gläser bröseln und mit je 1 EL Mandellikör beträufeln. 16 schöne Aprikosenspalten für die Deko zurückbehalten, die restlichen samt Saft in die Gläser füllen. Die Ricottacreme obendrauf schichten und mit den übrigen Aprikosenspalten dekorieren. Kurz vor dem Büfettaufbau die gerösteten Mandelstifte über die Creme streuen. ◆◆

Austausch-Tipps

Falls Sie den italienischen Frischkäse Ricotta nicht bekommen, verwenden Sie Sahnequark. Außerhalb der Aprikosensaison können Sie auf Dosenaprikosen (am besten nur leicht gesüßt) oder andere Früchte wie Pfirsiche, Mirabellen oder Pflaumen ausweichen.

Manchego mit Kirschchutney

spanisch inspiriert

ZUBEREITUNG 30 Min.
PRO PORTION 230 kcal

ZUTATEN für 8 Personen
500 g Sauerkirschen
4 EL brauner Zucker
4 EL Weißweinessig
1 Stück frischer Ingwer (ca. 3 cm)
1 Sternanis | 1 kleine Stange Zimt
1 getrocknete Chilischote
Salz | Pfeffer
600 g reifer Manchego (spanischer Schafmilchkäse, in 2 keilförmigen Stücken)

1 Die Kirschen waschen, entsteinen, mit Zucker und Essig in einen Topf geben. Den Ingwer schälen und fein hacken. Mit Sternanis und Zimt dazugeben, die Chilischote dazubröseln. Aufkochen und offen bei mittlerer Hitze 10 Min. einkochen lassen, dabei gelegentlich umrühren. Vom Herd nehmen und abkühlen lassen.

2 Zimtstange und Sternanis entfernen. Das Chutney salzen und pfeffern, in ein Schälchen füllen und auf eine große Platte stellen. (Sie können das Chutney schon einige Tage vorher zubereiten: Dann kochend heiß in heiß ausgespülte Twist-off-Gläser füllen, die Gläser verschließen und 10 Min. auf den Kopf stellen.)

3 Den Käse von der Rinde befreien und quer in ca. 3 mm dicke Dreiecke schneiden. Die Käsedreiecke um das Chutney herum anrichten, mit Klarsichtfolie abdecken und kalt stellen. Zum Servieren rechtzeitig wieder aus dem Kühlschrank nehmen, damit der Käse und das Chutney Zimmertemperatur haben. ◆◆

Varianten

Außerhalb der Kirschsaison nehmen Sie Schattenmorellen aus dem Glas. Als schnelle Variante 1 Glas Quittengelee mit 1–2 TL körnigem Dijon-Senf und 4–5 EL Weißwein glatt verrühren und als Dip zum Käse servieren.

Büfett im Grünen

Wochenend' und Sonnenschein…

Ach wie herrlich, die Sonne lacht und kein Wölkchen ist am Himmel. Jetzt nichts wie raus in die **Natur!** Wer keinen Garten hat, sucht sich ein schattiges Plätzchen an einer idyllischen Waldlichtung oder am See. Ein gut gefüllter **Picknickkorb** darf dabei natürlich nicht fehlen. Denn wenn das Thermometer in schwindelnde Höhen klettert, schmeckt's draußen einfach am besten! In der Abenddämmerung scharen sich dann alle ums gemütliche **Lagerfeuer** – da sind nicht nur die Kinder Feuer und Flamme.

Büfett im Grünen für 12 Personen

Wie das duftet… Frisch vom Grill schmecken Fisch und Fleisch einfach umwerfend gut!

Die Mengen fürs Grillfest sind so berechnet, dass entweder Scampi oder Doraden plus zwei der drei Fleischsorten für 12 Personen reichen. Und auch an die Vegetarier ist gedacht: Gegrilltes Gemüse mit Zitronenbutter, Ofentomaten aus dem Glas, pikante Muffins und drei raffinierte Salate machen fleischlos glücklich. Fürs Picknick im Grünen packen Sie Salate, Dips und Co. in verschließbare Kunststoffdosen, Schraubgläser und Gläser mit Bügelverschluss. Kühltipp aus Omas Zeiten: Falls nur die Getränke in der Kühlbox Platz haben, verstauen Sie die Speisen in einem Korb und hängen ein feuchtes Laken darüber. Durch die Verdunstungskälte bleibt alles einige Stunden topfrisch!

Für die Planung

◆ **Das gibt es zu essen**
Doraden und Scampi mit Melonenrelish
Jerk-Hähnchenkeulen
Schweinesteaks mit Rosmarin
Maurische Lammkoteletts
Gegrilltes Gemüse
Tomaten-Honig-Dip
Joghurt-Minz-Dip
Pikante Muffins
Ofentomaten im Glas
Sommerlicher Gemüsesalat
Italienischer Tortellinisalat
Kartoffel-Artischocken-Salat
Johannisbeerkuchen mit Baiser
Zitronenmousse mit Fruchtsauce

◆ **Das brauchen Sie zusätzlich**
4–5 Baguettes
Eventuell Bratwürstchen für die Kinder
Pfeffermühle und Salz

◆ **Das gibt es zu trinken**
Gut gekühlten Roséwein oder Bier
Limonade oder grünen Eistee für die Kinder

◆ **Grüner Eistee**
Für 6 Gläser 2 TL grüne Teeblätter mit 750 ml kochendem Wasser überbrühen, 3 Min. ziehen lassen. Abgießen, kalt stellen. 2 Bio-Limetten heiß waschen, in dünne Scheiben schneiden. 300 ml Pfirsichnektar mit dem Tee und 2 EL Ahornsirup verrühren. Limettenscheiben, Eiswürfel und 1 Stängel Minze in einen Glaskrug geben, Teemischung daraufgießen, abfüllen.

Die Hähnchenkeulen, Schweinesteaks und Scampi schmecken auch kalt sehr gut. Fürs Picknick bereiten Sie alles auf dem Blech im Backofen oder in der Grillpfanne zu. Den Kartoffelsalat sollten Sie gut gekühlt transportieren – er verdirbt an heißen Sommertagen schnell.

2 Tage vorher

◆ Ofentomaten im Glas zubereiten, kühl stellen
◆ Tomaten-Honig-Dip zubereiten, kühl stellen

1 Tag vorher

◆ Hähnchenkeulen, Schweinesteaks und/oder Lammkoteletts einlegen und kühl stellen
◆ Pikante Muffins zubereiten, abgekühlt in ein Tuch einschlagen und beiseitelegen
◆ Zitronenmousse zubereiten, kühl stellen
◆ Sommerlichen Gemüsesalat zubereiten, kühl stellen

Am Grill- oder Picknicktag

◆ Johannisbeerkuchen mit Baiser backen, beiseitestellen
◆ Joghurt-Minz-Dip zubereiten, kühl stellen
◆ Italienischen Tortellinisalat zubereiten, kühl stellen
◆ Kartoffel-Artischocken-Salat zubereiten, kühl stellen
◆ Grillgemüse und Zitronenbutter vorbereiten
◆ Doraden oder Scampi und Melonenrelish vorbereiten
◆ Johannisbeerkuchen in Stücke schneiden, auf eine Platte oder einen Hochteller legen

Wenn die Gäste da sind

◆ Fisch, Fleisch und Gemüse nach und nach auf den Grill geben

So geht's schneller

Viele Metzger bieten im Sommer bereits grillfertig mariniertes Fleisch zum Grillen an. Doch Vorsicht, vergewissern Sie sich, dass es auch wirklich frisch eingelegt ist! Der Tomaten-Honig-Dip und der Joghurt-Minz-Dip lassen sich durch gute Grillsaucen aus der Flasche ersetzen. Statt der pikanten Muffins kaufen Sie Ciabatta-Brot mit getrockneten Tomaten und/oder mit Oliven. Fertig gekauftes Zitronensorbet ist eine gute Alternative zur Zitronenmousse und macht mit der Himbeersauce und frischen Himbeeren garniert auch was her. Für den Johannisbeerkuchen besorgen Sie Ersatz in einer Konditorei oder wünschen sich von Ihren Gästen einen Kuchen als Mitbringsel.

Dekoration

Einfach und rustikal ist die Devise: Karierte Tischdecke, einfaches Geschirr und bruchsichere Gläser, fertig! Verzichten Sie, wenn's geht, auf Einweggeschirr und Plastikbesteck – der Umwelt zuliebe! Im großen Weidenkorb transportieren Sie alles zum Picknick im Grünen.

Haben Sie an alles gedacht?

Fürs Grillfest Lampions und Windlichter (eventuell mit einer Mückenabwehrwirkung)? Liegen Holzkohle und Grillanzünder bereit?
Fürs Picknick Kühltasche und -Akkus für die Getränke? An eine Decke? Sind Insektenschutzmittel und Sonnenschutzcreme eingepackt? Und Mülltüten, um den Abfall wieder mitzunehmen?

Doraden und Scampi mit Melonenrelish
Edles mit fruchtig-scharfer Beilage

ZUBEREITUNG 45 Min.
GRILLEN ca. 15 Min.
PRO PORTION 180 kcal

ZUTATEN für 12 Personen
Für das Relish:
3 Tomaten | 1 Cantaloupe-Melone
1 Bund Frühlingszwiebeln
1 Bund Koriandergrün
1 große rote Chilischote
6 EL frisch gepresster Limettensaft
Salz | Zucker | 4 EL Öl
Für die Doraden:
3 küchenfertige Doraden (je ca. 600 g)
Salz | Pfeffer
3 Knoblauchzehen
1/2 Bund Koriandergrün
2 Bio-Limetten
Für die Scampi:
24 ungeschälte Scampischwänze
(ohne Kopf; ca. 1 kg, je ca. 40 g)
1 große rote Chilischote
2 Knoblauchzehen | 1 Bio-Orange
6 EL Öl | Salz
1/2 Bund Minze
Außerdem:
Grillschalen

1 Die Tomaten kreuzförmig einritzen und die Stielansätze herausschneiden. Mit kochendem Wasser überbrühen, kalt abschrecken und häuten. Die Tomaten quer halbieren, entkernen und fein würfeln. Die Melone halbieren und die Kerne herauskratzen. Die Hälften in Spalten schneiden, schälen und das Fruchtfleisch klein würfeln. Die Frühlingszwiebeln putzen, waschen und in feine Ringe schneiden.

2 Das Koriandergrün waschen und trocken schütteln, die Blätter grob hacken. Die Chilischote längs aufschneiden, entkernen, waschen und in feine Streifen schneiden. Den Limettensaft mit je 1/2 TL Salz und Zucker und dem Öl verrühren. Tomaten, Melone, Frühlingszwiebeln, Koriandergrün und Chili unterheben. Bis zum Büfettaufbau kalt stellen.

3 Die Fische innen und außen waschen und trocken tupfen. Die Haut auf beiden Seiten mit einem scharfen Messer im Abstand von 3 cm einkerben. Mit Salz und Pfeffer einreiben. Den Knoblauch schälen und halbieren. Das Koriandergrün waschen und trocken schütteln.

4 Die Limetten heiß waschen, abtrocknen und in Scheiben schneiden. Jeweils ein Drittel Knoblauch, Koriandergrün und Limettenscheiben in die Fischbäuche füllen. Die Doraden von jeder Seite 6–7 Min. grillen (wenn sich die Rückenflosse ganz leicht herausziehen lässt, ist der Fisch fertig).

5 Die Scampi waschen, trocken tupfen und mit einem schweren Messer samt Panzer längs halbieren. Die Chilischote längs aufschneiden, entkernen, waschen und fein hacken. Den Knoblauch schälen und fein hacken. Die Orange heiß waschen und abtrocknen, die Schale in feinen Streifen abziehen, den Saft auspressen. Öl mit Chili, Knoblauch und Orangenstreifen verrühren.

6 Die Scampihälften in einer Schüssel mit dem Würzöl mischen, sodass alle benetzt sind. In Grillschalen von jeder Seite 2–3 Min. grillen, salzen. Herausnehmen und mit etwas Orangensaft beträufeln. Die Minze waschen und trocken schütteln, die Blätter fein schneiden und darüberstreuen.

Picknick-Tipp
Die Fische schmecken frisch vom Grill am besten. Die Scampi können Sie aber auch in der Pfanne zubereiten und abgekühlt mitnehmen. Das Melonenrelish in ein Glas mit Bügelverschluss füllen. Beides möglichst gekühlt transportieren.

1 Die Zwiebel schälen und in grobe Stücke hacken. Die Thymianzweige waschen und trocken schütteln, die Blätter abstreifen. Die Chilis(s) waschen und mit den Kernen grob hacken, dabei den Stielansatz entfernen.

2 Die Zwiebel mit den Thymianblättern, den Chili(s), Zucker, Zimt, Piment, Muskat, Pfeffer, Essig und dem Öl im Blitzhacker zu einer feinen karibischen Würzpaste verarbeiten.

3 Die Hähnchenkeulen kalt waschen und mit Küchenpapier trocken tupfen. Die Haut im Abstand von ca. 2 cm mit einem scharfen Messer mit Kerben versehen, damit die Gewürze besser eindringen können und das Fleisch schneller gart.

4 Die Keulen mit der Würzpaste einreiben, in eine Schüssel legen und mit Klarsichtfolie zugedeckt mindestens 2 Std. (besser über Nacht) ziehen lassen.

5 Die Hähnchenkeulen mit Küchenpapier trocken tupfen, mit Salz würzen und im weniger heißen Bereich am Grillrand unter gelegentlichem Wenden ca. 30 Min. grillen. Die Garprobe machen: Mit einem spitzen Messer bis zum Knochen einstechen: Wenn das leicht geht und kein Blut, sondern klarer Fleischsaft heraustritt, sind die Hähnchenkeulen fertig. ———◆–◆–◆

Jerk-Hähnchenkeulen
würzig-scharfer Karibikimport

ZUBEREITUNG 25 Min.
MARINIEREN 2 Std.
GRILLEN ca. 30 Min.
PRO PORTION 350 kcal

ZUTATEN für 12 Personen
1 weiße Zwiebel | 4 Zweige Thymian
1–3 kleine rote Chilischoten | 1 TL brauner Zucker
je 1 TL gemahlener Zimt und Piment
1/2 TL frisch geriebene Muskatnuss
1/2 TL frisch gemahlener schwarzer Pfeffer
4 EL Weißweinessig | 2 EL Öl
12 kleine Hähnchenkeulen (je ca. 250 g) | Salz

Gut zu wissen

Die karibische Würzpaste (siehe Step 2) gibt es in unzähligen Varianten, von mild-würzig bis feurig-scharf. Mit 1 Chilischote für 12 Keulen sollte keiner Probleme haben, bei 3 Schoten sollten Ihre Gäste schon an scharfes Essen gewöhnt sein.
Die Hähnchenkeulen schmecken auch kalt sehr gut: Fürs Picknick die Keulen auf einem Backblech im vorgeheizten Backofen (Mitte, Umluft 180°) bei 200° ca. 40 Min. braten und abgekühlt mitnehmen.

Schweinesteaks mit Rosmarin

mediterran

ZUBEREITUNG 15 Min.
MARINIEREN 4 Std.
GRILLEN ca. 10 Min.
PRO PORTION 190 kcal

ZUTATEN für 12 Personen
4 Zweige Rosmarin
2 Knoblauchzehen
8 EL Olivenöl
1/2 TL getrockneter Oregano
2 Bio-Zitronen
12 Schweinenackensteaks (je ca. 120 g)
Pfeffer | Salz

1 Den Rosmarin waschen und trocken schütteln, die Nadeln abstreifen und fein hacken. Den Knoblauch schälen und fein hacken. Beides mit Öl und Oregano verrühren. Die Zitronen heiß waschen, abtrocknen und in dünne Scheiben schneiden.

2 Die Steaks trocken tupfen, in dem Würzöl wenden und kräftig pfeffern. Mit den Zitronenscheiben im Wechsel in eine verschließbare Kunststoffdose schichten und mindestens 4 Std. (besser über Nacht) ziehen lassen.

3 Die Steaks von den Zitronenscheiben befreien, mit Küchenpapier abtupfen und von jeder Seite 4–5 Min. grillen, dabei vor dem Wenden mit dem Rest Marinade bestreichen. Vor dem Servieren salzen.

Kräutertausch-Tipp

Statt Rosmarin und Oegano verleihen auch Salbei, Thymian, Lorbeer und Lavendel dem Schweinefleisch eine tolle mediterrane Würze. Falls Sie diese Kräuter nicht im Garten oder auf der Fensterbank haben, finden Sie sie vielleicht im gemischten Bund als frische Kräuter der Provence auf dem Markt.

Maurische Lammkoteletts

orientalisch gewürzt

ZUBEREITUNG 20 Min.
MARINIEREN 2 Std.
GRILLEN ca. 8 Min.
PRO PORTION 660 kcal

ZUTATEN für 12 Personen
ca. 2 kg Lammkoteletts
je 1 EL Kreuzkümmel- und Koriandersamen
4 Knoblauchzehen
10 EL Olivenöl
4 EL frisch gepresster Zitronensaft
1 TL Sambal oelek
1 EL Honig | Salz

1 Die Lammkoteletts eventuell kalt abwaschen, um Knochensplitter zu entfernen, und trocken tupfen.

2 Die Kreuzkümmel- und Koriandersamen im Mörser grob zerstoßen. Den Knoblauch schälen und sehr fein hacken. Öl mit Zitronensaft, Kreuzkümmel, Koriander, Sambal oelek und Honig in einer Schüssel verrühren. Die Lammkoteletts in der Marinade wenden, sodass alle benetzt sind. Zugedeckt im Kühlschrank mindestens 2 Std. (besser über Nacht) ziehen lassen.

3 Die Lammkoteletts von jeder Seite 3–4 Min. grillen, salzen und servieren.

Gut zu wissen

In türkischen und arabischen Läden bekommen Sie häufig sehr schön vorbereitete Stielkoteletts, bei denen die Knochen freigeschabt sind. Man kann sie prima in die Hand nehmen und das Fleisch abknabbern.
Geben Sie niemals Salz in die Marinade. Es entzieht dem Fleisch wertvollen Saft, macht es zäh und trocken. Das Fleisch also immer erst unmittelbar vor dem Grillen oder, noch besser, danach mit Salz würzen.

im Bild oben Jerk-Hähnchenkeulen
im Bild links Maurische Lammkoteletts
im Bild rechts Schweinesteaks mit Rosmarin

1 4 EL Öl in ein Schälchen geben. Den Knoblauch schälen und dazupressen. Die Zitrone heiß waschen und abtrocknen. Die Schale in feinen Streifen abziehen, den Saft auspressen. Die Zitronenstreifen mit 1 Prise Salz unter die Butter rühren. Auf einem Stück Folie zu einer Rolle formen und kalt stellen.

2 Die Zucchini waschen, putzen und längs in möglichst gleichmäßige, ca. 4 mm dicke Scheiben schneiden (das geht am besten mit einer Brot- oder Aufschnittmaschine). Die Frühlingszwiebeln putzen, waschen und längs halbieren, mit 2 EL Öl vermischen.

3 Den Spargel waschen, im unteren Drittel schälen, die holzigen Enden abschneiden und die Stangen längs halbieren. Mit dem übrigen Öl in einer Schüssel vermischen.

4 Eine Grillschale mit Knoblauchöl einpinseln. Die Zucchini darauf bei mittlerer Hitze von jeder Seite 3–4 Min. grillen. Vor dem Wenden jeweils mit Knoblauchöl einpinseln und mit etwas Thymian bestreuen. Salzen, pfeffern, auf einer Platte anrichten und mit Zitronensaft beträufeln.

5 Die Frühlingszwiebeln 5–6 Min. grillen, dabei mit Salz und 1 Prise Zucker bestreuen. Den Spargel in 2–3 Portionen unter regelmäßigem Wenden 6–7 Min. grillen. Salzen, pfeffern und auf einer Platte anrichten. Die Zitronenbutter in Scheiben schneiden, darauf verteilen und schmelzen lassen. Mit Zitronenschnitzen zum Beträufeln dekorieren.

Gegrilltes Gemüse
nicht nur für Vegetarier

ZUBEREITUNG 1 Std.
PRO PORTION 130 kcal

ZUTATEN für 12 Personen
8 EL Olivenöl | 1 Knoblauchzehe
1 Bio-Zitrone | Salz | 60 g weiche Butter
3–4 Zucchini (eventuell grüne und gelbe; ca. 750 g)
2–3 Bund Frühlingszwiebeln
1 kg grüner Spargel
2 TL getrockneter Thymian
Pfeffer | Zucker
Zitronenschnitze zum Beträufeln
Aluschalen zum Grillen

Picknick-Tipp

Die Zucchini und der grüne Spargel schmecken auch kalt sehr gut: Fürs Picknick bereiten Sie das Gemüse in der Grillpfanne zu und füllen es zum Mitnehmen abgekühlt in gut verschließbare Kunststoffdosen.

Tomaten-Honig-Dip

mit feiner Schärfe

ZUBEREITUNG 15 Min.
KOCHEN 30 Min.
PRO PORTION 40 kcal

ZUTATEN für 12 Personen
1 Zwiebel
4 Knoblauchzehen
1 große rote Chilischote
2 EL Öl | 1 TL Zucker
1 Dose stückige Tomaten (400 g Füllgewicht)
2 EL Honig
Salz | Pfeffer
50 g Frischkäse (nach Belieben)

1 Die Zwiebel und den Knoblauch schälen, beides fein hacken. Die Chilischote längs aufschneiden, entkernen, waschen und fein schneiden.

2 Das Öl in einem Topf erhitzen. Zwiebel, Knoblauch und Zucker darin bei mittlerer Hitze unter Rühren goldgelb anbraten. Die Tomaten und die Chilischote dazugeben und zugedeckt bei schwacher Hitze in 30 Min. einkochen lassen, dabei gelegentlich umrühren. Vom Herd nehmen, den Honig unterrühren und mit Salz und Pfeffer abschmecken. Die Sauce vollständig abkühlen lassen.

3 Die abgekühlte Tomatensauce im Mixer (oder in einem hohen Aufschlaggefäß mit dem Pürierstab) fein pürieren, dabei nach Belieben den Frischkäse untermixen. Der Dip passt sehr gut zu gegrilltem Schweinefleisch, aber auch zu Rohkost. ◆ ◆ ◆

Gut zu wissen

Der Frischkäse mildert die feine Schärfe des Dips und macht ihn schön cremig.

Joghurt-Minz-Dip

erfrischend

ZUBEREITUNG 15 Min.
PRO PORTION 60 kcal

ZUTATEN für 12 Personen
2 Tomaten
1/2 Salatgurke
1 Bund Minze
500 g griechischer Joghurt (10 % Fett)
1 gehäufter TL gemahlener Kreuzkümmel
1 EL frisch gepresster Zitronensaft
Salz | Pfeffer | Zucker

1 Die Tomaten waschen, quer halbieren und die Kerne herausdrücken. Die Hälften in kleine Würfel schneiden, dabei die Stielansätze entfernen.

2 Die Gurke schälen, längs halbieren und entkernen. Die Hälften ebenfalls klein würfeln. Die Minze waschen und trocken schütteln, die Blätter fein schneiden.

3 Den griechischen Joghurt mit dem Kreuzkümmel und Zitronensaft glatt rühren. Die Minze, die Tomaten- und Gurkenwürfelchen unterrühren.

4 Den Joghurt-Minz-Dip mit Salz, Pfeffer und 1 Prise Zucker würzig abschmecken. Er schmeckt gut zu gegrilltem Fisch oder Lammfleisch. ◆ ◆ ◆

Austausch-Tipps

Keinen griechischen Joghurt bekommen? Dann verrühren Sie einfach 500 g Joghurt (3,5 % Fett) mit 2 EL Olivenöl.

Indische Variante

Einen leicht indischen Touch bekommt der Joghurt-Dip, wenn Sie zusätzlich 1 fein gehackte weiße Zwiebel unterrühren. Erwärmen Sie außerdem in einem Pfännchen 1 EL Öl mit 2 EL schwarzen Senfsamen (aus dem Asienladen), bis die Samen knistern und zu springen beginnen. Ziehen Sie die Mischung heiß unter den Joghurt-Dip.

im Bild links Tomaten-Honig-Dip
im Bild rechts Joghurt-Minz-Dip

Pikante Muffins

gelingen ganz leicht

ZUBEREITUNG 25 Min.
BACKEN 25 Min.
PRO STÜCK 250 kcal

ZUTATEN für 12 Stück
2 kleine Zucchini (ca. 200 g)
1 Möhre
50 g würziger Bergkäse
50 g Nussmix (geröstet, gesalzen)
200 g Mehl
2 TL Backpulver
1/2 TL Cayennepfeffer | Salz
80 ml Sonnenblumenöl
2 Eier | 300 g Schmand
1 12er-Muffinform
Butter für die Muffinform

1 Den Backofen auf 180° vorheizen. Die Muffinform einfetten. Die Zucchini waschen, putzen und trocken tupfen. Die Möhre schälen. Möhre und Zucchini mit dem Gemüsehobel nicht zu fein raspeln. Den Bergkäse eventuell entrinden und fein reiben.

2 Den Nussmix grob hacken und die Nüsse mit dem Gemüse und dem Käse vermischen. Das Mehl mit Backpulver, Cayennepfeffer und Salz mischen.

3 Das Öl mit den Eiern und dem Schmand glatt rühren. Die Gemüse-Käse-Mischung dazugeben und untermischen. Die Mehlmischung unterrühren.

4 Den Teig in die Vertiefungen der Muffinform füllen. Im Backofen (Mitte, Umluft 160°) 20–25 Min. backen. Die Muffins herausnehmen und kurz abkühlen lassen, dann aus den Vertiefungen lösen. ———◆◆

Ofentomaten im Glas

gut vorzubereiten

ZUBEREITUNG 20 Min.
BACKEN 2 Std. 30 Min.
PRO PORTION 200 kcal

ZUTATEN für 12 Personen
1 kg Kirschtomaten
250 ml Olivenöl | Salz
1 Zweig Rosmarin
2–3 Zweige Thymian

1 Die Tomaten waschen. Den Backofen auf 100° vorheizen. Eine flache Auflaufform oder ein Backblech mit etwas Olivenöl bestreichen. Die Tomaten nebeneinander in die Form oder auf das Blech geben und mit etwas Salz bestreuen. Die Tomaten im Ofen (Mitte) ca. 2 Std. 30 Min. ziehen lassen.

2 Die Tomaten aus dem Backofen nehmen und abkühlen lassen. Zum Servieren die Tomaten in ein schönes, heiß ausgespültes Glas schichten. Mit dem übrigen Olivenöl bedecken. Rosmarin und Thymianzweige waschen, gut trocken tupfen und mit in das Glas geben. Die Tomaten halten sich so 4–5 Tage. ———◆◆

1 Die Möhren waschen, schälen und in kleine Würfel schneiden. Den Staudensellerie waschen, putzen, die Stangen entfädeln und in dünne Scheibchen schneiden.

2 Wasser in einem Topf aufkochen lassen, die Möhren und den Staudensellerie darin 3 Min. ziehen lassen. Herausnehmen, kalt abschrecken und mit 3 EL Olivenöl vermischen. Die Gemüsezwiebel schälen, fein hacken und unter das Gemüse mischen.

3 Von den Fenchelknollen das zarte Grün entfernen und fein hacken. Die Fenchelknollen waschen, halbieren und den Strunk herausschneiden. Die Hälften in dünne Scheiben schneiden. Die Paprikaschoten halbieren, putzen, waschen und klein würfeln.

4 Die Salatgurke waschen, streifig schälen, längs halbieren, die Kerne herauskratzen (geht am besten mit einem Kugelausstecher oder Teelöffel). Die Hälften nochmals längs halbieren und in dünne Scheibchen schneiden. Die Salatzutaten in einer großen Schüssel mischen.

5 Für die Salatsauce die Orangen auspressen und den Saft mit Senf, Essig und Olivenöl kräftig verrühren. Mit Salz und Pfeffer würzen. Die Sauce über die Salatzutaten geben und gut vermischen. Zugedeckt kalt stellen und mindesten 15 Min. ziehen lassen. Vor dem Servieren mit Fenchelgrün bestreuen.

Sommerlicher Gemüsesalat

Vitaminbombe

ZUBEREITUNG 45 Min.
RUHEN 15 Min.
PRO PORTION 120 kcal

ZUTATEN für 12 Personen
500 g Möhren | 1 Staudensellerie (ca. 500 g)
3 EL Olivenöl | 1 Gemüsezwiebel
2 Fenchelknollen | 3 gelbe Paprikaschoten
1 Salatgurke | 2 Orangen
1 TL mittelscharfer Senf
6 EL Weißweinessig
6 EL Olivenöl
Salz | Pfeffer

Varianten

100 g grüne und 100 g schwarze Oliven ohne Stein unter den Salat mischen. Oder 50 g grob gehackte Walnüsse mit einem 1 EL Walnussöl mischen und unter den Salat rühren. Oder 1 reife Papaya halbieren, entkernen, schälen und das Fruchtfleisch in kleine Würfel schneiden. Die Papayawürfel mit 1 EL Limettensaft vermischen und unter den Gemüsesalat heben.

Italienischer Tortellinisalat

für Pastafans

ZUBEREITUNG 40 Min.
RUHEN 30 Min.
PRO PORTION 340 kcal

ZUTATEN für 12 Personen
Salz | 1 kg frische Tortellini mit
   Ricottafüllung (aus der Kühltheke)
100 ml Olivenöl
6 EL Weißweinessig
3 Bund Frühlingszwiebeln
2 Bund Basilikum
2 Bund Petersilie
300 g Crème fraîche
200 g Joghurt
2 EL frisch gepresster Zitronensaft
Pfeffer

1 Wasser mit etwas Salz in einem Topf aufkochen
lassen. Die Tortellini darin ca. 5 Min. ziehen lassen.
Mit einem Schaumlöffel herausnehmen und abtropfen
lassen. 4 EL Kochwasser mit Olivenöl und Essig verrühren, mit den Tortellini vermischen. Zugedeckt 30 Min.
ziehen lassen.

2 Die Frühlingszwiebeln putzen, waschen und in feine
Ringe schneiden. Basilikum und Petersilie waschen und
trocken schütteln, die Blätter fein hacken.

3 Die Crème fraîche mit Joghurt und Zitronensaft
verrühren und mit den Tortellini vermischen. Frühlingszwiebeln und Kräuter unterziehen. Den Salat mit Salz
und Pfeffer würzen, in eine Schüssel füllen und zugedeckt kalt stellen. ◆◆

Aufpepp-Tipp

*250 g Mini-Mozzarella-Kugeln und 250 g Kirschtomaten
unter den Salat mischen.*

Kartoffel-Artischocken-Salat

besonders fein

ZUBEREITUNG 20 Min.
GAREN 25 Min.
PRO PORTION 100 kcal

ZUTATEN für 12 Personen
1 kg kleine festkochende Kartoffeln
3–4 Salbeiblätter
Salz | 3 Schalotten
1 grüne Chilischote
1 Bund gemischte Kräuter
   (z. B. Petersilie, Basilikum, Minze, Oregano)
2 Gläser in Öl eingelegte Artischockenherzen
   (je 280 g Abtropfgewicht)
1/2 TL Dijon-Kräutersenf
4 EL Weißweinessig
4 EL Olivenöl | Pfeffer

1 Die Kartoffeln gründlich waschen, in einen Topf
geben und mit Wasser bedecken. 3–4 Salbeiblätter und
1/2 TL Salz dazugeben. Die Kartoffeln zugedeckt bei
mittlerer Hitze in ca. 25 Min. garen. Die Kartoffeln
abgießen und kurz ausdampfen lassen, dann pellen
und längs halbieren.

2 Die Schalotten schälen und fein hacken. Die Chilischote längs aufschneiden, entkernen, waschen und
in kleine Würfel schneiden.

3 Die Kräuter waschen und trocken schütteln, die Blätter grob zerpflücken. Die Artischockenherzen in einem
Sieb abtropfen lassen, dabei das Öl auffangen.

4 Den Senf mit Essig, 1 EL Artischockenöl und Olivenöl
verrühren. Schalotten und Chili unterrühren. Mit Salz
und Pfeffer würzen. Kartoffeln, Artischocken und Kräuter in eine Schüssel geben, die Salatsauce darübergießen
und alles locker vermischen. Den Salat nochmals mit
Salz und Pfeffer abschmecken. ◆◆

Austausch-Tipp

*Sie haben keinen Dijon-Kräutersenf für die Salatsauce
bekommen? Kein Problem! Sie können auch einfach
einen mittelscharfen Senf nehmen.*

im Bild links Italienischer Tortellinisalat
im Bild rechts Kartoffel-Artischocken-Salat

Johannisbeerkuchen mit Baiser

mit feiner Knusperhaube

ZUBEREITUNG 45 Min.
BACKEN 40 Min.
PRO STÜCK 330 kcal

ZUTATEN für 1 Backblech (16 Stücke)
Für den Teig:
3 Eier | 200 g weiche Butter
100 g Zucker
2 EL Milch | 400 g Mehl
1/2 TL Backpulver
Für den Belag:
50 g gemahlene Mandeln
750 g Rote Johannisbeeren
2 Päckchen Vanillezucker
3 Eiweiße | Salz
150 g Zucker
50 g gehackte Mandeln
Außerdem:
Butter für das Backblech
Mehl für die Arbeitsfläche
Puderzucker zum Bestäuben

1 Das Backblech einfetten. Die Eier trennen. Die Eiweiße für das Baiser beiseitestellen. Die Butter mit Zucker, Eigelben und Milch cremig rühren. Mehl mit Backpulver mischen und unterkneten. Den Teig auf bemehlter Arbeitsfläche ausrollen, auf das Blech legen und bis zum Gebrauch kalt stellen.

2 Gemahlene Mandeln in einer Pfanne leicht anrösten, dann abkühlen lassen. Die Johannisbeeren waschen, mit einer Gabel von den Rispen streifen und mit dem Vanillezucker mischen. Die gesamten Eiweiße mit 1 Prise Salz steif schlagen, 100 g Zucker unter Rühren dazugeben. Den restlichen Zucker mit den gehackten Mandeln vorsichtig unter den Eischnee heben.

3 Den Ofen auf 180° vorheizen. Die gerösteten Mandeln auf den Teigboden streuen. Johannisbeeren darauf verteilen. Im Ofen (Mitte, Umluft 160°) ca. 20 Min. backen. Das Baiser wolkenartig auf die Johannisbeeren geben. Den Kuchen in 20 Min. fertig backen. Den Backofen ausschalten und den Kuchen bei leicht geöffneter Backofentür noch 10 Min. darin stehen lassen. Kurz vor dem Servieren mit Puderzucker bestäuben. ◆◆◆

Zitronenmousse mit Fruchtsauce

fruchtig-frisch

ZUBEREITUNG 30 Min.
KÜHLEN 3 Std.
PRO PORTION 280 kcal

ZUTATEN für 12 Personen
Für die Mousse:
1 Vanilleschote
200 g Zucker
3 Stängel Zitronenmelisse
1 EL abgeriebene Schale von 1 Bio-Zitrone
250 ml frisch gepresster Zitronensaft
250 ml trockener Weißwein
8 Blatt Gelatine
500 g Sahne | 200 g Joghurt
Für die Fruchtsauce:
600 g Himbeeren (frisch oder TK)
2 EL Himbeersirup
100 g Puderzucker
Zitronenmelisseblättchen für die Deko

1 Für die Mousse die Vanilleschote längs aufschlitzen, das Mark mit einem Messer herauskratzen und mit dem Zucker vermischen. Den Zucker mit 250 ml Wasser, Zitronenmelisse und Zitronenschale aufkochen und unter Rühren 5 Min. köcheln lassen. Die Zitronenmelisse entfernen. Zitronensaft und Wein dazugeben und 5 Min. köcheln lassen.

2 Die Gelatine in kaltem Wasser einweichen, dann ausdrücken und in der warmen Flüssigkeit auflösen. Die Zitronenmasse zum Gelieren kalt stellen.

3 Die Sahne steif schlagen, den Joghurt und die gelierende Zitronenmasse esslöffelweise unter die Sahne rühren. Die Mousse in eine große Schüssel oder Gläser füllen und zugedeckt mindestens 3 Std. kalt stellen.

4 Für die Sauce Himbeeren, Sirup und Puderzucker in einem Topf unter Rühren 2–3 Min. kochen lassen. Die Masse durch ein Sieb streichen, abkühlen lassen, dann zugedeckt kalt stellen.

5 Vor dem Servieren die Sauce in eine Schale füllen oder auf die Mousse in den Gläsern geben. Die Mousse mit Zitronenmelisseblättchen dekorieren. ◆◆◆

1001-Nacht-Büfett

Einfach märchenhaft

Mezze heißen sie, die kleinen Köstlichkeiten aus dem Orient, die so richtig süchtig machen können. Nach italienischen Antipasti und spanischen Tapas haben sie unsere **Geschmacksknospen** mit einer Fülle neuer Aromen im Sturm erobert: **Granatäpfel** und **Datteln,** Sesam und Minze, Kardamom und Orangenblütenwasser verheißen **unbekannte Genüsse.** Und die exotischen Leckerbissen sind wie geschaffen für **gemütliche Feste.** Alles kommt zusammen aufs Büfett und jeder kann davon den ganzen Abend über immer wieder ein wenig naschen.

1001-Nacht-Büfett für 12 Personen

Lassen Sie sich auf weichen Kissen nieder und genießen Sie wie im Orient!

Fingerfood, würzige Salate und fruchtig-süße Desserts – dieses Büfett eignet sich gut für viele Gäste und kleine Räume. Zum Verzehr sind nämlich keine Tischplätze nötig, alles lässt sich mit Gabel oder Löffel sogar im Stehen genießen. Gemütlicher ist's natürlich auf Kissen oder in einer Sofaecke. Füllen Sie die Salate und Desserts gleich portionsweise in kleine Gläser und präsentieren Sie die Naschereien auf hübschen Tabletts. Bei diesem Büfett können auch Vegetarier unter Ihren Gästen mal so richtig schwelgen: Alle Gerichte mit Ausnahme der Hähnchen-Pflaumen-Spieße sind für sie geeignet. Aber auch Fleischliebhaber werden bei dieser Vielfalt an Aromen garantiert nichts vermissen!

Für die Planung

◆ **Das gibt es zu essen**
Granatapfel-Gurken-Platte
Zucchini-Joghurt-Salat
Möhrensalat
Taboulé
Rote-Linsen-Salat
Spinat-Schafkäse-Kuchen
Hähnchen-Pflaumen-Spieße
Kichererbsen-Sesam-Rauten
Petersilien-Tahina-Dip
Gewürzreis mit Datteln
Pfirsich-Mandel-Creme

◆ **Das brauchen Sie zusätzlich**
Fladenbrot, Sesamkringel (insgesamt ca. 1,2 kg) aus dem türkischen oder arabischen Laden

◆ **Das gibt es zu trinken**
Fruchtiger Rotwein (z. B. Shiraz)
Ayran (mit Eiswasser und 1 Prise Salz aufgemixter Joghurt) oder Buttermilch
Wasser
Minztee zum Abschluss

◆ **Minztee (für 1 Kanne mit 2 l Inhalt)**
Die Kanne heiß ausspülen. 2 l Wasser aufkochen, vom Herd nehmen und 2 Min. abkühlen lassen. 2 Bund Minze waschen und trocken schütteln. 5 gehäufte TL grüne Teeblätter in die Kanne geben, mit dem heißen Wasser aufgießen. 5 Stängel Minze dazugeben und den Tee 3–4 Min. ziehen lassen. Die übrige Minze in Teegläser verteilen. Den Tee durch ein Sieb daraufgießen und nach Geschmack süßen.

Bei diesem wie bei allen anderen Büfetts wird auf Frittiertes verzichtet. Schließlich soll es in den »Festräumen« nach orientalischen Gewürzen und nicht nach Frittierfett riechen.

1 Tag vorher

◆ Gewürzreis mit Datteln zubereiten
◆ Kichererbsen einweichen
◆ TK-Spinat über Nacht im Kühlschrank
   auftauen lassen

Am Festtag

◆ Möhrensalat zubereiten, zugedeckt beiseitestellen
◆ Taboulé zubereiten, zugedeckt beiseitestellen
◆ Rote-Linsen-Salat zubereiten, zugedeckt beiseitestellen
◆ Petersilien-Tahina-Dip zubereiten, kühl stellen
◆ Zucchini-Joghurt-Salat zubereiten, kühl stellen
◆ Pfirsich-Mandel-Creme zubereiten, kühl stellen
◆ Spinat-Schafkäse-Kuchen backen, beiseitestellen
◆ Währenddessen Kichererbsen-Sesam-Teig vorbereiten, die Rauten gleich backen und beiseitestellen
◆ Hähnchen-Pflaumen-Spieße zubereiten, im Backofen nachgaren, abgekühlt auf einer Platte anrichten
◆ Granatapfel-Gurken-Platte zubereiten
◆ Spinat-Schafkäse-Kuchen in Stücke schneiden

Wenn die Gäste da sind

◆ Alles fertig, entspannt mitfeiern! Nur später den Minztee zubereiten – das geht ganz schnell!

So geht's schneller

Sehen Sie sich im türkischen oder arabischen Laden an der Frischetheke um: Da finden Sie verschiedene Dips, Pasten und Salate, durch die Sie das eine oder andere Selbstgemachte ersetzen können. Statt des Spinat-Schafkäse-Kuchens bekommen Sie vielleicht Börek (Teigtaschen mit pikanter Füllung) und/oder Falafel (das frittierte Pendant zu den Kichererbsen-Sesam-Rauten). Statt der Desserts kaufen Sie frische Datteln und Feigen und servieren dazu gut gekühlten Sahnejoghurt, den Sie mit ein wenig Honig verfeinern und mit etwas Sesamsamen bestreuen.

Dekoration

Strahlendes Blau, Pink und Orange verleihen dem Büfett Frische. Marokkanische oder türkische Accessoires wie Teegläschen (darin machen sich auch Teelichter gut!), eine Teekanne und Teller aus Silber sorgen für den orientalischen Touch. Stellen Sie außerdem reichlich Mandelgebäck, Mandeln, Walnüsse und Pistazien in Schälchen zum Knabbern bereit.

Wie wär's mit einem Gastgeschenk?

Sie backen gerne? Dann beschenken Sie Ihre Gäste doch mit diesem Mandelgebäck: 500 g gemahlene Mandeln mit 1 EL abgeriebener Zitronenschale und 2 Eiern verrühren. Den Teig zwischen Klarsichtfolie ca. 1 cm dick ausrollen und auf ein mit Backpapier belegtes Blech legen. Im vorgeheizten Backofen ca. 10 Min. bei 160° (Mitte, Umluft 150°) backen. In kleine Rauten schneiden. 150 g Zucker mit 150 ml Wasser unter Rühren aufkochen und 3 Min. kochen lassen. 2 EL Orangenblütenwasser unterrühren. Die Rauten in den Sirup tauchen oder damit bestreichen und mit kandierten Orangenstreifen verzieren. Zum Verschenken in Tütchen füllen.

Granatapfel-Gurken-Platte

erfrischend

ZUBEREITUNG 30 Min.
MARINIEREN 1 Std.
PRO PORTION 40 kcal

ZUTATEN für 12 Personen
3 Salatgurken
2 Granatäpfel
2 rote Zwiebeln
Salz | Zucker
3 EL Öl
2 Bund Minze

1 Die Salatgurken schälen, längs halbieren, die Kerne herauskratzen (geht am besten mit einem Kugelausstecher oder Teelöffel) und die Hälften in schmale Scheiben schneiden und auf einer großen Platte verteilen.

2 Die Granatäpfel aufbrechen, die Kerne über einer Schüssel vorsichtig herauslösen, dabei den Saft auffangen (weiße Stücke von den Trennwänden aussortieren, sie sind hart und bitter).

3 Die Zwiebeln schälen und in feine Ringe schneiden oder hobeln. Den aufgefangenen Granatapfelsaft mit je 1/2 TL Salz und Zucker und dem Öl verrühren. Die Zwiebeln in der Salatsauce wenden. Die Minze waschen und trocken schütteln, die Blätter grob hacken.

4 Die Gurken leicht salzen. Die Minze und die marinierten Zwiebelringe darauf verteilen und die Granatapfelkerne darüberstreuen (einige Kerne für den Petersilien-Tahina-Dip auf Seite 117 beiseitelegen). Mit Klarsichtfolie abdecken und bis zum Servieren mindestens 1 Std. kalt stellen und ziehen lassen. ◆

Gut zu wissen

Granatäpfel wachsen in tropischem und subtropischem Klima an strauchartigen Bäumen. Die bei uns in türkischen oder orientalischen Läden angebotenen Granatäpfel stammen meist aus Spanien oder der Türkei.

Zucchini-Joghurt-Salat

mild-würzig

ZUBEREITUNG 30 Min.
PRO PORTION 90 kcal

ZUTATEN für 12 Personen
500 g kleine Zucchini
2 Knoblauchzehen
6 EL Olivenöl | Salz
Pfeffer | 400 g Joghurt
1 EL frisch gepresster Zitronensaft
100 g Schafkäse (Feta)

1 Die Zucchini waschen, putzen und in Scheiben hobeln. Den Knoblauch schälen und fein hacken. 4 EL Olivenöl in einer großen Pfanne erhitzen und die Zucchinischeiben darin bei mittlerer Hitze 4–5 Min. braten, dabei gelegentlich umrühren. Den Knoblauch dazugeben und 1–2 Min. mitbraten. Mit Salz und Pfeffer würzen. Die Zucchini lauwarm abkühlen lassen.

2 Den Joghurt in einer Schüssel geben, mit Zitronensaft und dem übrigen Olivenöl verrühren. Den Schafkäse dazubröckeln. Die Zucchinischeiben untermischen und mit Salz und Pfeffer würzen. ◆

Variante – Auberginensalat

Statt Zucchini 1 mittelgroße Aubergine (ca. 400 g) waschen, erst in 1 cm dicke Längsscheiben schneiden und diese 1 cm groß würfeln. Die Auberginenwürfel in einem Sieb mit Salz bestreuen und 20 Min. ziehen lassen. Dann kalt abbrausen und trocken tupfen. In 4 EL Olivenöl unter Wenden rundherum knusprig braun braten, in der letzten Minute 1 gehackte Knoblauchzehe und 4 EL gehackte Petersilie unterrühren. Abkühlen lassen und unter die Joghurt-Schafkäse-Creme mischen.

Würz-Varianten

Statt Knoblauch können Sie auch 2–3 fein gehackte Frühlingszwiebeln unter die Zucchini mischen. Raffinierte Würze verleiht 1 TL getrocknete Minze. Wenn Sie keine haben, nehmen Sie den Inhalt von 1 Beutel Pfefferminztee.

Taboulé

Klassiker auf neue Art

ZUBEREITUNG 35 Min.
QUELLEN 15 Min.
PRO PORTION 160 kcal

ZUTATEN für 12 Personen
350 g Instant-Bulgur (Reformhaus)
1 TL gekörnte Gemüsebrühe
1/2 TL Ras-el-hanout | 1 Zwiebel
1 Galia- oder Cantaloupe-Melone (ca. 1 kg)
1 Salatgurke | 1 Bund glatte Petersilie
1 Bund Minze | 6 EL Olivenöl | 2 Zitronen
Salz | Pfeffer | Zitronenpfeffer

1 Den Bulgur in eine Schüssel geben. 300 ml Wasser aufkochen lassen, Brühe und Ras-el-hanout unterrühren. Bulgur damit überbrühen und ca. 15 Min. quellen lassen.

2 Die Zwiebel schälen und fein hacken. Die Melone in Viertel schneiden, Schale und Kerne entfernen. Die Viertel in kleine Würfel schneiden. Die Gurke waschen, schälen, längs halbieren, die Kerne herauskratzen (geht am besten mit einem Kugelausstecher) und die Hälften in schmale Scheiben schneiden. Die Kräuter waschen und trocken schütteln, die Blätter fein hacken. Melone, Gurke, Zwiebel und Kräuter mit dem Olivenöl mischen.

3 Die Zitronen auspressen. Den Bulgur mit Zitronensaft, Salz, Pfeffer und Zitronenpfeffer würzen. Die vorbereiteten Salatzutaten unterheben und alles gut mischen. Bis zum Büfettaufbau zugedeckt im Kühlschrank ziehen lassen.

Möhrensalat

orientalisch gewürzt

ZUBEREITUNG 45 Min.
MARINIEREN 1 Std.
PRO PORTION 90 kcal

ZUTATEN für 12 Personen
1,2 kg Möhren
2 EL Agavendicksaft (oder 1 EL Honig)
1 EL Sonnenblumenöl
1/2 TL Ingwerpulver
1/2 TL gemahlener Kreuzkümmel
1 Bio-Orange
4 EL Weißweinessig
5 EL Sonnenblumenöl (oder Nussöl)
Salz | Zitronenpfeffer
2 EL Zucker
2 Stängel Koriandergrün

1 Die Möhren waschen, schälen und schräg in dünne Scheiben schneiden oder hobeln. 500 ml Wasser mit Agavendicksaft, 1 EL Öl, Ingwer und Kreuzkümmel aufkochen lassen. Die Möhrenscheiben dazugeben und in 5–7 Min. nicht zu weich dünsten. Die Möhren herausnehmen und in einem Sieb abtropfen lassen.

2 Die Orange heiß waschen und mit Küchenpapier abtrocknen. Die Schale dünn abschälen und in feine Streifen schneiden. Den Saft auspressen. Orangensaft mit Essig und dem restlichen Öl kräftig verrühren, mit Salz und Zitronenpfeffer würzen. Die Möhren mit der Salatsauce mischen und zugedeckt noch etwa 1 Std. durchziehen lassen.

3 Den Zucker mit 6 EL Wasser in einem kleinen Topf unter Rühren aufkochen lassen, die Orangenschale dazugeben und kurz darin ziehen lassen, dann herausnehmen und auf Küchenpapier abtropfen lassen.

4 Das Koriandergrün waschen und trocken schütteln, die Blätter abzupfen. Den Möhrensalat kurz vor dem Servieren mit den Orangenschalen und den Korianderblättchen bestreuen.

Rote-Linsen-Salat

ungewöhnlich

ZUBEREITUNG 45 Min.
QUELLEN 10 Min.
MARINIEREN 30 Min.
PRO PORTION 260 kcal

ZUTATEN für 12 Personen
100 g getrocknete Aprikosen
2 Schalotten
1 Knoblauchzehe
1 Stück frischer Ingwer (ca. 2 cm)
6 EL Olivenöl
500 g rote Linsen
1 EL Rohrzucker
1 TL gemahlener Kreuzkümmel
1 TL Kurkumapulver
1/2 TL gemahlener Koriander
375 ml Gemüsebrühe
2 Bund Frühlingszwiebeln
3 EL Weißweinessig
Salz | Pfeffer
100 g Mandelstifte

1 Die getrockneten Aprikosen in kleine Würfel schneiden. Schalotten und Knoblauch schälen, beides klein würfeln. Den Ingwer schälen und in dünne Scheiben schneiden oder würfeln.

2 4 EL Olivenöl in einem breiten Topf bei mittlerer Hitze heiß werden lassen. Schalotten, Knoblauch und Ingwer darin kurz andünsten. Aprikosenwürfel, Linsen und Rohrzucker unterrühren, alles kurz ziehen lassen.

3 Die Gewürze und die Hälfte der Brühe dazugeben und die Linsen in ca. 10 Min. garen. Dabei immer wieder umrühren und die übrige Brühe nach und nach dazugießen. Die Linsen abkühlen lassen.

4 Die Frühlingszwiebeln putzen, längs halbieren und waschen. Die Hälften mit dem zarten Grün in schmale Streifen schneiden. Essig mit übrigem Öl verrühren, die Frühlingszwiebeln untermischen oder beiseitelegen.

5 Die Salatsauce unter die Linsen mischen. Mit Salz und Pfeffer würzen. Salat zugedeckt 30 Min. ziehen lassen. Nochmals mit Gewürzen abschmecken, mit Mandeln und eventuell Frühlingszwiebeln bestreuen.

Gut zu wissen

Linsen gehören zu den Grundnahrungsmitteln vieler orientalischer Länder. Beliebt sind rote und gelbe Linsen, denn sie müssen nicht eingeweicht werden, sind in wenigen Minuten gar und ideal für leckere Salate.
Statt der getrockneten Aprikosen 50 g Rosinen in einem Sieb heiß waschen und unter den Linsensalat rühren. Oder 150 g Fetakäse klein würfeln und vorsichtig untermischen.

Spinat-Schafkäse-Kuchen

beliebter Klassiker aus der Türkei

ZUBEREITUNG 30 Min.
BACKEN 45 Min.
PRO STÜCK 240 kcal

ZUTATEN für 1 Springform (28 cm Ø, 12 Stücke)
900 g TK-Blattspinat
400 g milder Schafkäse (z. B. Manouri)
1 Bund Frühlingszwiebeln
3 EL Pinienkerne
Salz | Pfeffer
frisch geriebene Muskatnuss
4 EL Butter
400 g Yufka-Teig (aus dem türkischen Laden)

1 Den Spinat auftauen lassen, gut ausdrücken, grob schneiden und in eine Schüssel geben. Den Schafkäse dazubröckeln. Die Frühlingszwiebeln putzen, waschen und fein schneiden. Mit den Pinienkernen zur Spinat-Käse-Mischung geben. Mit Salz, Pfeffer und Muskat würzig abschmecken und gut vermischen.

2 Den Backofen auf 180° vorheizen. Die Butter schmelzen lassen und die Springform einfetten. 3 EL warmes Wasser unter die übrige Butter rühren. Die Yufka-Teigblätter vorsichtig auseinanderlösen, jeweils mit Butter-Wasser-Mischung einpinseln und – jeweils etwas versetzt – so in die Form legen, dass die Enden über den Rand lappen. Die Spinat-Schafkäse-Mischung einfüllen, glatt streichen und die Teigenden locker darüberklappen. Mit der übrigen Butter einpinseln.

3 Den Spinatkuchen im Ofen (Mitte, Umluft 160°) ca. 45 Min. backen. Herausnehmen und abkühlen lassen. Fürs Büfett aus der Form nehmen, auf eine Kuchenplatte heben und in 12 Stücke schneiden. ────────◆◆◆

Variante –
Schafkäse-Ingwer-Täschchen

Für 20 Täschchen 6 getrocknete Aprikosen in warmem Wasser 20 Min. einweichen. 2 Frühlingszwiebeln putzen, waschen und fein schneiden. 1/2 Bund Petersilie waschen und trocken schütteln, die Blätter fein schneiden. Die Aprikosen abtropfen lassen und mit 50 g kandiertem Ingwer sehr fein würfeln. 200 g milden Schafkäse (z. B. Manouri) zerbröckeln und mit den vorbereiteten Zutaten mischen. Mit je 1/2 TL gemahlenem Kreuzkümmel und Kardamom, mit Salz und Pfeffer würzig abschmecken. Ofen auf 180° vorheizen, ein Backblech mit Backpapier belegen. 5 rechteckige Yufka-Teigblätter (ca. 400 g) mit der Küchenschere in 40 ca. 6 cm breite Streifen schneiden. Die Finger mit der Butter-Wasser-Mischung befeuchten und die Teigstreifen damit betupfen. Je zwei Streifen aufeinanderlegen. Jeweils auf das untere Ende 1 EL Füllung geben. Das Teigende diagonal so nach rechts über die Füllung zum Dreieck falten, dass er bündig mit dem rechten Rand des Teigstreifens abschließt. Dieses Dreieck nach oben auf den Teigstreifen klappen. Das neu entstandene Dreieck diagonal nach links falten, wieder nach oben klappen usw. Die Täschchen mit der Naht nach unten auf das Blech legen. Mit der übrigen Butter-Wasser-Mischung einpinseln und nach Belieben mit Sesamsamen bestreuen. Im vorgeheizten Ofen (Mitte, Umluft 160°) in ca. 25 Min. goldbraun backen. Lauwarm oder abgekühlt servieren.

1 Die Hähnchenbrustfilets kalt abwaschen, trocken tupfen und knapp 3 cm groß würfeln. Sherry, Honig und Cayennepfeffer in einer Schüssel verrühren. Knoblauch schälen und dazupressen. Hähnchenfleisch dazugeben, in der Marinade wenden und zugedeckt beiseitestellen.

2 Trockenpflaumen längs einschneiden und entsteinen. Die Speckstreifen quer halbieren und jede Pflaume mit 1/2 Streifen umwickeln. Die Frühlingszwiebeln putzen, waschen und aus dem weißen und hellgrünen Teil 24 ca. 3 cm lange Stücke schneiden (den Rest anderweitig verwenden, z. B. für den Rote-Linsen-Salat auf Seite 113).

3 Den Backofen auf 120° vorheizen. Die Holzspieße einölen. Das Hähnchenfleisch aus der Marinade nehmen und mit Küchenpapier abtupfen, die Marinade aufheben. Im Wechsel je 3 Fleischwürfel. 2 Speckpflaumen und 2 Frühlingszwiebelstücke auf die Spieße stecken.

4 In einer Pfanne jeweils etwas Öl erhitzen, die Spieße darin portionsweise bei mittlerer Hitze von jeder Seite 2–3 Min. anbraten. Nach dem Wenden jeweils mit etwas Sherrymarinade beträufeln, dann salzen und in einer ofenfesten Form im Backofen 10–12 Min. nachgaren. Abgekühlt auf einer Platte anrichten.

Austausch-Tipps

Ebenfalls lecker: Marinieren Sie das Hähnchenfleisch in der Koriander-Kreuzkümmel-Marinade für die Maurischen Lammkoteletts von Seite 97 und nehmen Sie statt Pflaumen getrocknete Datteln oder Softaprikosen.

Hähnchen-Pflaumen-Spieße
würzig-süß und aromatisch

ZUBEREITUNG 30 Min.
PRO STÜCK 190 kcal

ZUTATEN für 12 Stück
500 g Hähnchenbrustfilet
6 EL Sherry medium
1 EL Honig | 1/2 TL Cayennepfeffer
2 Knoblauchzehen
24 weiche Trockenpflaumen (ca. 200 g)
12 Streifen Frühstücksspeck (Bacon, ca. 100 g)
2 Bund Frühlingszwiebeln
12 lange Holzspieße | Öl für die Spieße
4–5 EL Öl zum Braten | Salz

Variante mit Leber

Mögen Sie Leber? Dann bereiten Sie die Spieße damit zu: 500 g Kalbsleber von Häutchen und Sehnen befreien, würfeln und (unmariniert) im Wechsel mit den in Speckstreifen gewickelten Softaprikosen und Frühlingszwiebelstücken auf Spieße stecken. 6 EL Sherry mit 1 EL Honig verrühren und 1 Knoblauchzehe dazupressen. Die Spieße von jeder Seite 3–4 Min. braten, wenden, mit Sherryhonig beträufeln, salzen und pfeffern. Die Spieße am besten warm servieren.

Petersilien-Tahina-Dip

cremig

ZUBEREITUNG 15 Min.
KÜHLEN 2 Std.
PRO PORTION 80 kcal

ZUTATEN für 12 Personen
6 EL Tahina (Sesampaste aus dem Glas;
  Orient- oder Bioladen)
4 EL frisch gepresster Zitronensaft | 2 EL Olivenöl
400 g Buttermilch | 2 Bund Petersilie
3 Knoblauchzehen | Salz
Cayennepfeffer | Zucker
1 TL Granatapfelkerne (nach Belieben)

1 Die Sesampaste mit Zitronensaft, Olivenöl und Buttermilch in ein hohes Aufschlaggefäß geben und mit
dem Pürierstab cremig aufschlagen.

2 Die Petersilie waschen und trocken schütteln, die
Blätter grob schneiden (ein paar Blätter für die Deko
beiseitelegen), zur Sesampaste geben. Den Knoblauch
schälen und dazupressen. Alles fein pürieren und mit
Salz, Cayennepfeffer und Zucker würzig abschmecken.

3 Den Dip in eine Schale füllen und zugedeckt mindestens 2 Std. kalt stellen. Vor dem Servieren mit den beiseitegelegten Petersilienblättchen und ein paar Granatapfelkernen (von der Granatapfel-Gurken-Platte von
Seite 111) nach Belieben dekorieren. ◆◆

Variante – Orangen-Tahina-Dip

*Lassen Sie die Petersilie weg und mixen Sie die Sesam-
paste mit 250 g Crème fraîche, 1 kleinen Knoblauchzehe,
150 ml frisch gepresstem Orangensaft und der abgerie-
benen Schale von 1 Bio-Orange im Mixer auf. Den Dip
mit Salz, Cayennepfeffer und Zucker würzen.*

Kichererbsen-Sesam-Rauten

schön knusprig

ZUBEREITUNG 45 Min.
EINWEICHEN 12 Std.
BACKEN 40 Min.
PRO PORTION 180 kcal

ZUTATEN für 12 Personen
300 g getrocknete Kichererbsen
2 altbackene Brötchen
2 Zwiebeln | 6 Knoblauchzehen
1 Bund Koriandergrün | 1 Bund Petersilie
1 gehäufter EL gemahlener Kreuzkümmel
1 gehäufter EL gemahlener Koriander
2 TL Salz | Pfeffer
4 EL Mehl
1 Päckchen Backpulver
4 EL Olivenöl
3 EL Sesamsamen
Backpapier für das Backblech

1 Die Kichererbsen mindestens 12 Std. (am besten
über Nacht) in reichlich kaltem Wasser einweichen. Am
nächsten Tag das Wasser abgießen und die Kichererbsen
im Blitzhacker fein zerkleinern. Die Brötchen in kaltem
Wasser einweichen, ausdrücken und fein zerzupfen.

2 Zwiebeln und Knoblauch schälen, beides fein hacken.
Koriandergrün und Petersilie waschen und trocken
schütteln, die Blätter und zarten Stängel fein hacken.
Alles mit den Kichererbsen und den Brötchen in eine
Schüssel geben, die Gewürze hinzufügen und gründlich
mischen. Dann das Mehl und Backpulver unterkneten.

3 Den Backofen auf 180° vorheizen. Ein Backblech
mit Backpapier belegen, mit 1 EL Öl einpinseln und mit
1 EL Sesamsamen bestreuen. Die Kichererbsenmasse
daraufgeben und mit den Händen zu einem gleich-
mäßigen Fladen von ca. 25 x 25 cm Größe ausstreichen
und festdrücken. Die Oberfläche mit dem restlichen Öl
beträufeln und mit den übrigen Sesamsamen bestreuen.
Im Ofen (Mitte, Umluft 160°) 30 Min. backen.

4 Das Blech kurz herausnehmen. Den Kichererbsen-
fladen erst längs in ca. 3 cm breite Streifen, diese dann
in ca. 4 cm große Rauten schneiden. Die Rauten mit
etwas Abstand auf dem Blech verteilen und im Ofen in
weiterer 10 Min. knusprig backen. Abgekühlt auf einer
Platte anrichten. ◆◆

im Bild links Kichererbsen-Sesam-Rauten
im Bild rechts Petersilien-Tahina-Dip

Gewürzreis mit Datteln

süße Verführung

ZUBEREITUNG 50 Min.
RUHEN 12 Std.
PRO PORTION 305 kcal

ZUTATEN für 12 Personen
1 Vanilleschote
2 Stück Sternanis
3 Kardamomkapseln
1 Stange Zimt
1 l Milch | 1 EL Honig
300 g Rundkornreis (Milchreis)
400 g Joghurt | 1 EL Puderzucker
100 g Mandelstifte | 6 Orangen
200 g getrocknete Datteln
50 g Rohrzucker
1 EL Orangenblütenwasser (aus der Apotheke)
Backpapier

1 Die Vanilleschote längs aufschlitzen, das Mark herauskratzen, mit Sternanis, Kardamomkapseln und Zimt in die Milch geben. Zugedeckt über Nacht kalt stellen.

2 Am nächsten Tag die Gewürzmilch, Honig und Milchreis in einen Topf geben und unter Rühren bei mittlerer Hitze aufkochen lassen. Den Reis bei ausgeschalteter Herdplatte 30 Min. quellen lassen, dann zum Abkühlen 10 Min. in den Kühlschrank stellen. Die Gewürze entfernen und den Joghurt unterrühren.

3 Den Puderzucker in einer Pfanne schmelzen lassen. Die Mandelstifte dazugeben und unter Rühren leicht bräunen, dann auf Backpapier abkühlen lassen.

4 2 Orangen samt weißer Haut schälen. Die Fruchtfilets über einer Schüssel zwischen den Trennhäutchen herausschneiden, dabei den Saft auffangen. Die übrigen Orangen auspressen. Die Datteln achteln, die Kerne entfernen. Den Rohrzucker mit Orangensaft aufkochen, dann in ca. 5 Min. sirupartig einkochen lassen. Die Datteln dazugeben und 2–3 Min. köcheln lassen. Orangenfilets und Orangenblütenwasser unterrühren, dann zugedeckt abkühlen lassen.

5 Den Gewürzreis in eine große Schüssel, in Gläser oder Teegläser füllen. Die Sirupfrüchte darauf verteilen und mit den Mandelstiften bestreuen.

Pfirsich-Mandel-Creme

leichter Genuss

ZUBEREITUNG 45 Min.
PRO PORTION 200 kcal

ZUTATEN für 12 Personen
1 kg vollreife Pfirsiche
3 EL Honig
1/2 TL Zimtpulver
400 g stichfester Joghurt
75 g Mandelmus (aus dem Reformhaus)
400 g Sahne
2 TL Rosenwasser (aus der Apotheke)
2 Stängel Minze

1 Für die Deko 1 Pfirsich beiseitelegen. Die übrigen Pfirsiche kurz in kochendes Wasser tauchen, herausnehmen und die Haut abziehen. Jeweils halbieren, den Stein entfernen und das Fruchtfleisch klein würfeln. Mit Honig, Zimtpulver und Joghurt im Mixer pürieren. Das Mandelmus unterrühren.

2 Die Sahne steif schlagen und das Rosenwasser dazugeben. Die Sahne locker mit dem Pfirsich-Joghurt-Püree vermischen. Die Creme kalt stellen.

3 Den beiseitegelegten Pfirsich waschen, halbieren, entsteinen und quer in dünne Scheiben schneiden. Die Minze waschen und trocken schütteln, die Blätter abzupfen.

4 Die Pfirsich-Mandel-Creme in Schälchen oder Gläser füllen, dann mit Pfirsichscheiben und Minzeblättern dekorieren.

Deko-Tipp

Die Creme zusätzlich mit gehackten Pistazien- oder Granatapfelkernen (von der Granatapfel-Gurken-Platte von Seite 111) bestreuen.

im Bild links Gewürzreis mit Datteln ◆ *im Bild rechts* Pfirsich-Mandel-Creme

Skandinavi-sches Büfett

Feines für Fischfans

Wenn im Sommer die Sonne nicht untergeht, feiern unsere Nachbarn im **hohen Norden** ausgelassene Feste mit der Familie und Freunden. Am liebsten natürlich draußen im Garten oder an einem idyllischen **Plätzchen am See.** Fisch – ob eingelegt, gebeizt oder im Salat – darf dabei nicht fehlen. Dazu gibt es **Smörre-bröd,** was eigentlich schlicht Butterbrot heißt. Dass sich dahinter sehr viel Interessanteres verbirgt, lesen Sie auf den folgenden Seiten. Eine besondere Überraschung für die Kinder: ein **Feuerkorb,** um darin Stockbrot zu rösten.

Skandinavisches Büfett für 8 Personen

Bei diesem Büfett kommen Fischfreunde voll auf Ihre Kosten.

Selbst gebeizter Lachs, Räucherfischsalat und Feines vom Hering sind die kulinarischen Highlights dieses Büfetts. Und die Kinder werden über die Köttbullar (würzige Hackbällchen, die sie vielleicht aus dem großen schwedischen Möbelhaus mit dem Elch kennen?) und das Stockbrot begeistert sein. Sind bei Ihrem Fest viele Bierliebhaber mit von der Partie, lohnt sich eventuell ein Fässchen Bier. Frisch gezapft schmeckt's doch am besten. Zum süßen Schluss gibt's Beerengrütze mit einem Klecks sahniger Vanillecreme und feines Knuspergebäck. Ob Sie zu Hause oder in der freien Natur feiern, ist gleich – alles lässt sich auch prima transportieren.

Für die Planung

◆ Das gibt es zu essen
Köttbullar mit Preiselbeer-Dip
Stockbrot
Smörrebröd mit Elchschinken
Smörrebröd mit Krabben
Smörrebröd mit Kräuterfrischkäse
Gebeizter Lachs
Meerrettich-Rote-Bete-Dip
Fenchel-Orangen-Dip
Limetten-Senf-Dip
Räucherfischsalat mit Nüssen
Süßsaurer Matjes im Glas
Feiner Heringssalat
Heidelbeergrütze
Dänische Kekse

◆ Das brauchen Sie zusätzlich
Verschiedene Sorten Knäckebrot
Eventuell Gemüsesticks (siehe unten)

◆ Das gibt es zu trinken
Apfelsaft oder Limonade
Bier und Aquavit
Silver Bullet (pro Glas 2 EL Zitronensaft, 2 cl Gin und 2 cl Aquavit mit etwas Eis im Barshaker kräftig schütteln, im geeisten Glas servieren).

◆ Gemüsesticks mit Joghurt-Dip
2 rote Paprikaschoten, 2 Zucchini und 4 Stangen Staudensellerie waschen, in Stifte schneiden und in Gläser oder Pergamenttüten füllen. Dazu 250 g Joghurt (3,5 % Fett) mit 200 g Crème fraîche und 3 EL Orangensaft verrühren. Mit Salz, Currypulver und Cayennepfeffer würzen.

Der Lachs ist das Prunkstück dieses nordischen Büfetts. Und das Selberbeizen geht leichter, als Sie denken. Mit den drei fruchtig-würzigen Dips serviert, macht er richtig was her!

2 Tage vorher

- ◆ Lachsseite beizen, kühl stellen (bis Step 2)
- ◆ Süßsauren Hering einlegen, kühl stellen
- ◆ Dänische Kekse backen, abgekühlt in einer Blechdose aufbewahren

1 Tag vorher

- ◆ Heidelbeergrütze zubereiten, kühl stellen
- ◆ Köttbullar (ohne Dip) vorbereiten, kühl stellen

Am Festtag

- ◆ Meerrettich-Rote-Bete-Dip zubereiten und kühl stellen
- ◆ Fenchel-Orangen-Dip zubereiten und kühl stellen
- ◆ Limetten-Senf-Dip zubereiten und kühl stellen
- ◆ Räucherfischsalat mit Nüssen zubereiten
- ◆ Heringssalat zubereiten
- ◆ Smörrebröd mit Elchschinken, Krabben und Kräuterfrischkäse zubereiten, mit einem Küchentuch abdecken
- ◆ Teig fürs Stockbrot zubereiten
- ◆ Preiselbeer-Dip für die Köttbullar zubereiten
- ◆ Sahne-Dickmilch für die Grütze zubereiten
- ◆ Gebeizten Lachs fertig stellen, auf einem Brett anrichten

Wenn die Gäste da sind

- ◆ Stöcke verteilen, mit Teig umwickeln lassen und das Stockbrot im Feuer backen

So geht's schneller

Kaufen Sie eine ganze, bereits gebeizte Lachsseite (wenn sie schon vorgeschnitten ist, umso besser, dann lassen sich die Scheiben ganz einfach abheben). Passende Dips wie Honig-Senf-Dip und Sahnemeerrettich bekommen Sie fertig im Glas. Das gleiche gilt für süßsauer eingelegte Heringe. Statt der Kekse nehmen Sie Zimt- oder Nussschnecken vom Bäcker und statt der Heidelbeergrütze kaufen Sie fertige Rote Grütze und servieren Sie mit dänischer Vanillesauce aus dem Tetrapak.

Dekoration

Auf dem blanken Holz angerichtet, wirkt dieses Büfett besonders gut – natürlich und rustikal. Setzen Sie mit Geschirr, Besteck und Servietten weiße, blaue und pastellfarbene Akzente. Beerenzweige, Kräuter mit Blüten (z. B. Dillblüten) sind zurückhaltend stilvolle Dekoelemente.

Haben Sie an alles gedacht?

Gibt es ein schmales, scharfes Messer für den Lachs? Wurden die Gläser für den Aquavit mit ins Gefrierfach gelegt?

Köttbullar mit Preiselbeer-Dip

raffiniert kombiniert

ZUBEREITUNG 40 Min.
PRO STÜCK 160 kcal

ZUTATEN für 24 Stück
Für die Köttbullar:
2 mittelgroße Zwiebeln
2 EL Öl | 50 g Semmelbrösel
3 Pellkartoffeln (ca. 300 g)
750 g gemischtes Hackfleisch
100 g Sahne | 1 Ei
1 TL abgeriebene Zitronenschale
    von 1 Bio-Zitrone
Salz | Pfeffer
Öl zum Braten
Für den Dip:
2 mittelgroße Äpfel (z. B. Elstar)
1 EL frisch gepresster Zitronensaft
250 g saure Sahne
200 g Preiselbeeren (aus dem Glas)

1   Die Zwiebeln schälen und in feine Würfel schneiden. Das Öl in einer Pfanne erhitzen und die Zwiebeln darin in 2–3 Min. glasig dünsten. Die Semmelbrösel dazugeben und kurz mitrösten.

2   Die Kartoffeln pellen und durch die Presse in eine Schüssel drücken. Die Kartoffeln mit Zwiebel-Brösel-Mischung, Hackfleisch, Sahne, Ei und Zitronenschale verkneten. Mit Salz und Pfeffer würzen.

3   Aus der Fleischmasse mit feuchten Händen etwa 24 tischtennisballgroße Bällchen formen. Das Öl in einer Pfanne erhitzen, die Bällchen darin in 6–8 Min. rundherum goldbraun braten.

4   Für den Dip die Äpfel schälen und auf der Rohkostreibe fein raspeln. Die Äpfel in eine Schüssel geben, mit Zitronensaft und saurer Sahne verrühren. Die Preiselbeeren unter den Dip mischen.

5   Die Köttbullar auf einer Platte anrichten und mit dem Preiselbeer-Dip auf das Büfett stellen.

Stockbrot

für Kinder

ZUBEREITUNG 15 Min.
GEHEN 30 Min.
PRO PORTION 280 kcal

ZUTATEN für 8 Personen
500 g Mehl
1 Päckchen Trockenhefe
1 TL Salz | 4 EL Olivenöl
8 Stöcke (ca. 30–35 cm lang,
    aus dem Garten, Wald oder Baumarkt)
Olivenöl für die Stöcke

1   Das Mehl mit Trockenhefe und Salz in einer Schüssel mischen. 250 ml lauwarmes Wasser und Olivenöl dazugeben, alles zu einem glatten, geschmeidigen Teig verkneten. Den Teig zugedeckt an einem warmen Ort ca. 30 Min. gehen lassen.

2   Den Teig noch einmal kneten und in 8 gleich große Stücke teilen. Die Stöcke mit Olivenöl einpinseln. Das obere Drittel mit Teig umwickeln. Das Stockbrot über dem Feuer backen, bis es knusprig ist.

VARIANTE – Kräuterbrot

Für das Brot das Mehl mit Trockenhefe mischen. 1 TL Meersalz und 1 EL getrocknete Kräuter (z. B. Rosmarin, Thymian, Salbei) und 1/2 TL gemahlenen Kümmel dazugeben. Mit 250 ml lauwarmem Wasser und 4 EL Olivenöl gut vermischen. Zu einem glatten, geschmeidigen Teig verarbeiten. Den Teig zugedeckt 30 Min. gehen lassen. Ein Backblech mit Backpapier belegen. Den Teig zu einem länglichen, flachen Laib formen und auf das Blech legen. Die Oberfläche schräg in Abständen leicht einritzen und mit etwas Mehl bestäuben. Das Brot im vorgeheizten Backofen (Mitte) bei 220° (Umluft 200°) 25–30 Min. backen.

1 Die Toastbrotscheiben mit Butter bestreichen. Die Gurke waschen, halbieren, die Kerne herauskratzen (mit einem Kugelausstecher oder Teelöffel) und die Hälften in feine Stifte hobeln. Die Crème fraîche mit Chilisauce verrühren, mit Salz und Cayennepfeffer würzen. Nordseekrabben und Gurkenstifte untermischen.

2 Den Eichblattsalat putzen, waschen und trocken schleudern. Die Blätter in mundgerechte Stücke zupfen. 4 Toastbrotscheiben mit Salatblättern belegen und die Krabbenmischung darauf verteilen. Die restlichen Toastbrotscheiben obendrauf legen, fest andrücken und die Scheiben mit einem scharfen Messer diagonal in Dreiecke schneiden.

Smörrebröd mit Elchschinken

nordische Spezialität

ZUBEREITUNG 25 Min.
PRO PORTION 205 kcal

ZUTATEN für 8 Personen
8 Scheiben Vollkorn-Toastbrot
Butter zum Bestreichen
2 hart gekochte Eier
200 g Schmand
1 TL mittelscharfer Senf
1/2 TL Sahnemeerrettich (aus dem Glas)
Salz | Pfeffer
30 g Parmesan
1 kleines Bund Rucola
75 g Elchschinken (aus dem Wildgeschäft;
    ersatzweise luftgetrockneter Schinken)

1 Die Toastbrotscheiben mit der Butter bestreichen. Die Eier pellen und klein würfeln. Den Schmand mit Senf und Sahnemeerrettich verrühren. Die Eier unterrühren. Mit Salz und Pfeffer würzen. Den Parmesan mit dem Sparschäler in feine Späne hobeln.

2 Den Rucola waschen und trocken schütteln, harte Stiele entfernen. 4 Toastscheiben mit dem Rucola belegen und die Eiercreme darauf verteilen. Den Schinken auf die Eiercreme legen und mit Parmesanspänen bestreuen. Die restlichen Toastbrotscheiben obendrauf legen, fest andrücken und die Scheiben mit einem scharfen Messer diagonal in Dreiecke schneiden.

Smörrebröd mit Krabben

ganz einfach

ZUBEREITUNG 25 Min.
PRO PORTION 190 kcal

ZUTATEN für 8 Personen
8 Scheiben Vollkorn-Toastbrot
Butter zum Bestreichen
1/2 Salatgurke
200 g Crème fraîche
1 EL Chilisauce (Fertigprodukt)
Salz
Cayennepfeffer
150 g gegarte, geschälte Nordseekrabben
1 kleiner Kopf grüner Eichblattsalat

Smörrebröd mit Kräuterfrischkäse

schnell zubereitet

ZUBEREITUNG 25 Min.
PRO PORTION 150 kcal

ZUTATEN für 8 Personen
30 g weiche Butter
1 TL Kräuterpesto (aus dem Glas)
8 Scheiben Vollkorn-Toastbrot
1 Limette
200 g Frischkäse
100 g Magerquark
2 EL Aquavit (nach Belieben)
1 Bund gemischte Kräuter
   (z. B. Petersilie, Dill, Basilikum)
1 Kästchen Kresse
50 g grüne Oliven ohne Stein
2 EL Kapern | Salz
Zitronenpfeffer
4 Tomaten

1 Die Butter mit dem Pesto verrühren. Die Toastbrotscheiben damit bestreichen. Die Limette auspressen. Den Limettensaft mit Frischkäse, Quark und nach Belieben mit Aquavit glatt rühren.

2 Die Kräuter waschen und trocken schütteln, die Blätter fein hacken. Die Kresse mit der Küchenschere vom Beet schneiden. Die Oliven fein hacken. Mit den Kräutern, Kresse und Kapern locker unter die Frischkäsecreme rühren. Mit Salz und Zitronenpfeffer würzen.

3 Die Tomaten waschen und in Scheiben schneiden. 4 Toastbrotscheiben damit belegen. Den Kräuterfrischkäse darauf geben. Die restlichen Toastbrotscheiben obendrauf legen, fest andrücken und mit einem scharfen Messer diagonal in Dreiecke schneiden.

Austausch-Tipp

Den Kräuterfrischkäse auf frische Roggenbrotscheiben streichen. 2 Tomaten waschen, halbieren, entkernen und in kleine Würfel schneiden. Die Brote mit den Tomatenwürfeln bestreuen.

Variante – Schinken-Käse-Creme

Für die Creme 2 Scheiben gekochten Schinken in sehr feine Streifen schneiden. Die Schinkenstreifen mit 150 g Crème fraîche und 1 EL Kapern in ein hohes Aufschlaggefäß geben und mit dem Pürierstab fein pürieren. Die Creme mit 200 g Frischkäse verrühren, mit Salz und frisch gemahlenem Pfeffer kräftig würzen.

Gebeizter Lachs

selbst gemacht am besten

ZUBEREITUNG 30 Min.
RUHEN 48 Std.
PRO PORTION 315 kcal

ZUTATEN für 8 Personen
1 frisches Lachsfilet mit Haut (ca. 900 g) | 2 Bund Dill
1/2 Bund glatte Petersilie | 1 TL weiße Pfefferkörner
1/2 TL Senfkörner | 1/2 TL Korianderkörner
1 Espresso-Tasse Salz (ca. 75 g)
1/2 Espresso-Tasse Zucker (ca. 40 g)
3 EL Weißweinessig | 5 EL Olivenöl
1 Bio-Zitrone | 250 ml Milch | 1 TL Dijon-Senf

1 Lachsfilet kalt waschen und trocken tupfen, eventuell die Gräten mit der Pinzette entfernen. 1 Bund Dill und die Petersilie waschen und trocken schütteln, Dillspitzen und Petersilienblätter fein hacken. Pfeffer-, Senf- und Korianderkörner grob zerstoßen. Mit Salz, Zucker und Kräutern mischen. 1 EL Essig und 3 EL Öl unterrühren.

2 Das Lachsfilet mit der Hautseite nach unten in eine passende Form oder auf ein Brett legen. Gewürz-Kräuter-Mischung darauf verstreichen. Die Zitrone heiß waschen, abtrocknen, in dünne Scheiben schneiden und auf den Lachs legen. Lachs mit Klarsichtfolie abdecken, mit einem Brett beschweren und 48 Std. im Kühlschrank ziehen lassen.

3 Zitronenscheiben entfernen, die Gewürzmischung vorsichtig abstreifen. Lachs 5–10 Min. in Milch einlegen, herausnehmen und trocken tupfen. Übrigen Essig mit restlichem Öl und Senf verrühren. Marinade auf den gebeizten Lachs streichen. Übrigen Dill waschen, trocken schütteln, hacken und über den Lachs streuen. Vor dem Servieren den Lachs mit einem scharfen Messer schräg in dünne Scheiben schneiden. ◆

UND DAZU

Fenchel-Orangen-Dip

Das Grün von 1 Fenchelknolle entfernen und beiseitelegen. Die Knolle halbieren und den Strunk entfernen.

1 Möhre waschen und schälen. Fenchel und Möhre auf der Rohkostreibe fein raspeln. 2 Bio-Orangen heiß waschen, abtrocknen und 1 TL Schale abreiben. Dann die Orangen samt weißer Haut schälen. Die Fruchtfilets mit einem scharfen Messer zwischen den Trennhäutchen herausschneiden. Den Saft von 1 Zitrone auspressen. 200 g Frischkäse mit 200 g Crème fraîche, Zitronensaft und Orangenschale glatt rühren. Fenchel- und Möhrenraspel unterrühren und die Orangenfilets unterheben. Mit Salz und gemahlenem Kreuzkümmel würzen. Den Dip in eine Schüssel füllen. Das Fenchelgrün grob hacken und darüberstreuen.

Meerrettich-Rote-Bete-Dip

250 g Sahnequark mit 200 g Schmand verrühren. 2 EL Rote Bete aus dem Glas grob würfeln, danach im Mixer fein pürieren. Das Rote-Bete-Püree mit 2 EL frisch geriebenem Meerrettich locker unter die Quark-Schmand-Mischung rühren. Mit Salz und Pfeffer würzen.

Limetten-Senf-Dip

3 Frühlingszwiebeln putzen, waschen, längs halbieren und in feine Streifen schneiden. 200 g Sahne steif schlagen. Den Saft von 2 Limetten auspressen. 200 g saure Sahne mit 200 g Joghurt und Limettensaft glatt rühren. 2 TL Dijon-Honigsenf, 1 TL scharfen Senf (oder 2 TL mittelscharfen Senf) und Frühlingszwiebeln unterrühren. Die geschlagene Sahne unter die Senfcreme heben. Den Dip mit Salz und Pfeffer würzen.

Backofen-Variante

Den Backofen auf 100° vorheizen. 100 g Frühstücksspeck klein würfeln und knusprig braun braten. Eine flache Form mit Olivenöl bestreichen. Lachs in die Form geben, mit Olivenöl bestreichen und mit Speckwürfeln bestreuen. Im Backofen (Mitte, keine Umluft) in ca. 15 Min. gar ziehen lassen. Den Lachs mit Pellkartoffeln und Limetten-Senf-Dip servieren.

1 Das Einmachglas mit kochend heißem Wasser ausspülen. Den Essig in einen kleinen Topf geben und mit Zucker, 150 ml Wasser, Senfsamen und Pimentkörnern einmal aufkochen lassen. Den Topf vom Herd nehmen und den Gewürzsud abkühlen lassen.

2 Die Matjesfilets kalt waschen und mit Küchenpapier trocken tupfen. Die Filets mit einem Messer in 2–3 cm große Stücke schneiden.

3 Die Zwiebeln schälen und in dünne Scheiben schneiden. Ingwer und Meerrettich schälen. Die Möhren putzen und schälen. Ingwer, Meerrettich und Möhren in dünne Scheiben schneiden.

4 Die Matjesstücke im Wechsel mit dem Gemüse und den Lorbeerblättern in das Einmachglas schichten.

5 Den Gewürzsud dazugießen und das Glas gut verschließen. Den Matjes im Kühlschrank oder an einem kühlen Ort mindestens 48 Std. ziehen lassen. ◆◆

Austausch-Tipp

Sie können statt Matjesfilets auch Salzheringe nehmen. Die Salzheringfilets vor der Zubereitung mindestens 12 Std. in Wasser oder Milch einlegen, dann in einem Sieb gut abtropfen lassen und wie im Rezept angegeben zubereiten.

Süßsaurer Matjes im Glas

gut vorzubereiten

ZUBEREITUNG 30 Min.
MARINIEREN 48 Std.
PRO PORTION 235 kcal

ZUTATEN für 1 Glas mit Bügelverschluss (1 l Inhalt)
250 ml Weißweinessig
100 g Zucker | 1 EL Senfsamen
1 EL Pimentkörner
6 Matjes-Doppelfilets (ca. 650 g)
4 mittelgroße rote Zwiebeln
1 Stück frischer Ingwer (ca. 4 cm)
1 Stück frischer Meerrettich (ca. 4 cm)
2 Möhren | 4 Lorbeerblätter

Variante – Hering mit Dip

Wenn Sie Heringe einlegen, servieren Sie einen Curry-Joghurt-Dip und deftiges Schwarzbrot dazu. Für den Dip 1 Gewürzgurke sehr fein hacken. 150 g Sahne steif schlagen. 150 g Joghurt mit den Gurkenwürfelchen, 1 TL Currypulver und 1 TL Senf verrühren. Den Dip mit Salz und Pfeffer würzen. Die geschlagene Sahne vorsichtig unter den Joghurt heben.

im Bild Räucherfischsalat mit Walnüssen

Räucherfischsalat mit Walnüssen

raffinierter Aromenmix

ZUBEREITUNG 40 Min.
PRO PORTION 195 kcal

ZUTATEN für 8 Personen
600 g Räucherfischfilets
   (z. B. Forelle, Barsch, Makrele)
4 Spitzpaprika (hellgrün und gelb)
2 mittelgroße Zucchini (ca. 400 g)
75 g Walnusskerne
Für die Marinade:
3 Frühlingszwiebeln
1 grüne Chilischote
4 EL Kräuteressig
2 EL Walnussöl
3 EL Sonnenblumenöl
Salz | Pfeffer
je 2 Stängel Petersilie und Koriandergrün

1 Die Räucherfischfilets in ca. 2 cm große Stücke schneiden. Die Spitzpaprika halbieren, putzen, waschen und in ca. 2 cm breite Streifen schneiden. Die Zucchini waschen, putzen, quer halbieren und mit dem Gemüsehobel längs in Scheibchen hobeln. Die Walnusskerne grob hacken. Den Räucherfisch mit Spitzpaprika, Zucchinischeiben und Nüssen in einer Schüssel mischen.

2 Für die Marinade die Frühlingszwiebeln putzen, waschen und in dünne Ringe schneiden. Die Chilischote längs aufschneiden, entkernen, waschen und sehr fein würfeln. Den Essig mit beiden Ölsorten verrühren, die Frühlingszwiebeln und die Chiliwürfel unterrühren. Die Salatsauce mit Salz und Pfeffer würzen und unter die Räucherfischmischung ziehen.

3 Die Petersilie und das Koriandergrün waschen und trocken schütteln, die Blättchen abzupfen und über den Salat streuen.

Feiner Heringssalat

Klassiker

ZUBEREITUNG 45 Min
MARINIEREN 30 Min.
PRO PORTION 400 kcal

ZUTATEN für 8 Personen
5 Pellkartoffeln (ca. 400 g)
2 säuerliche Äpfel (z. B. Boskop)
2 Gewürzgurken | 6–8 Matjesfilet
2 gekochte Rote Bete
1 EL Johannisbeergelee | 1 EL Olivenöl
Für die Marinade:
1 TL mittelscharfer Senf
2 EL Apfelessig | 2 EL Weißweinessig
4 EL Öl | 200 g Schmant
1 EL Kapern | Salz | Pfeffer | Zucker

1 Die Kartoffeln pellen und in Würfel schneiden. Die Äpfel schälen, halbieren und das Kerngehäuse entfernen. Die Apfelhälften und Gewürzgurken in Streifen schneiden. Die Matjesfilets in ca. 2 cm große Stücke schneiden.

2 Für die Marinade den Senf mit Essig und Öl verrühren. Den Schmant und die Kapern unterrühren. Mit Salz, Pfeffer und Zucker würzen. Die Kartoffeln mit Äpfeln, Gewürzgurken und Matjes mischen und die Marinade unterrühren. Den Salat zugedeckt 30 Min. ziehen lassen.

3 Inzwischen die Roten Bete schälen (dabei mit Küchenhandschuhen arbeiten), auf dem Gemüsehobel in feine Streifen hobeln. Die Streifen mit Johannisbeergelee und Olivenöl vermischen. Den Heringssalat auf den Rote-Bete-Streifen anrichten.

Variante – mit Rote-Bete-Würfeln

Sie können die Roten Beten auch schälen, in kleine Würfel schneiden, mit dem Johannisbeergelee vermischen und unter den Heringssalat heben.

im Bild links Süßsaurer Matjes im Glas
im Bild rechts Feiner Heringssalat

Heidelbeergrütze

Fruchtgenuss pur

ZUBEREITUNG 40 Min.
PRO PORTION 410 kcal

ZUTATEN für 8 Personen
Für die Grütze:
1 kg Heidelbeeren | 1 l Roter Johannisbeersaft
1 Bio-Orange | 1 Stange Zimt
150 g Zucker | 100 g Speisestärke
2 EL Johannisbeerlikör (Cassis; nach Belieben)
Für die Sahne-Dickmilch:
300 g Dickmilch | 1 Vanilleschote
50 g Puderzucker
300 g Sahne | 1 Päckchen Sahnesteif

1 Die Heidelbeeren verlesen, wenn nötig waschen.
500 g Heidelbeeren mit Johannisbeersaft in einen Topf
geben. Die Orange heiß waschen und abtrocknen.
Die Schale spiralenförmig dünn abschälen, den Saft auspressen. Orangensaft und -schale mit Zimt und Zucker
in einem Topf aufkochen und bei schwacher Hitze
10 Min. köcheln lassen. Orangenschale und Zimt entfernen. Die Beeren samt Sud mit dem Pürierstab pürieren.

2 Das Heidelbeerpüree aufkochen lassen. Inzwischen
die Speisestärke in etwas kaltem Wasser anrühren. Die
angerührte Stärke zum Fruchtpüree geben und unter
Rühren aufkochen lassen. 400 g Heidelbeeren unterrühren, alles noch einmal erhitzen, nach Belieben den
Johannisbeerlikör unterrühren. Die Grütze abkühlen
lassen, in eine Schüssel oder Gläser füllen und mit den
übrigen Heidelbeeren bestreuen. Die Grütze bis zum
Servieren kalt stellen.

3 Für die Sahne-Dickmilch die Dickmilch in eine
Schüssel geben. Die Vanilleschote längs aufschlitzen,
das Mark herauskratzen und zur Dickmilch geben.
Mit dem Puderzucker glatt rühren. Die Sahne mit dem
Sahnesteif steif schlagen. Die Dickmilch esslöffelweise
unter die Sahne rühren.

Austausch-Tipps

*Sie können die Grütze auch aus einem Mix aus Brom-
beeren, Heidelbeeren, Johannisbeeren zubereiten.
Zum Mitnehmen die Heidelbeergrütze mit der Sahne-
Dickmilch in schöne verschließbare Portionsgläser füllen.*

Dänische Kekse

gelingen ganz leicht

ZUBEREITUNG 30 Min.
KÜHLEN 2 Std.
BACKEN 12 Min.
PRO STÜCK 60 kcal

ZUTATEN für ca. 60 Stück
200 g Butter | 100 g Zucker
1 Päckchen Vanillezucker
1 Ei | 350 g Mehl | 1/2 TL Backpulver
1/2 TL Salz | 1 Eiweiß
50 g Hagelzucker (ersatzweise Zucker)
2 TL Zimtpulver
Mehl für die Arbeitsfläche
Backpapier für die Backbleche

1 Die Butter in einem Töpfchen schmelzen, dann abkühlen lassen. Mit Zucker, Vanillezucker und dem Ei
schaumig schlagen. Das Mehl mit Backpulver und Salz
mischen und mit der Buttermasse rasch zu einem glatten Teig verkneten. Den Teig in 4 Stücke teilen und die
Stücke zu Rollen von 4–5 cm Durchmesser formen. Die
Rollen in Klarsichtfolie wickeln und 2 Std. kalt stellen.

2 Den Backofen auf 180° vorheizen. Backbleche mit
Backpapier belegen. Jede Rolle in 15 Scheiben schneiden
und mit etwas Abstand auf die Bleche legen. Das Eiweiß
leicht verquirlen und die Scheiben damit bestreichen.
Hagelzucker mit Zimtpulver vermischen. Die Plätzchen
damit bestreuen. Im Ofen (Mitte, Umluft 160°) 12 Min.
backen. Die Kekse herausnehmen, mit dem Papier vom
Blech ziehen und abkühlen lassen.

Plätzchen-Variante

*Den Teig auf bemehlter Arbeitsfläche
ca. 4 mm dick ausrollen und runde
Plätzchen daraus ausstechen. Den Teig
mit Eiweiß bestreichen. 50 g gehackte
Mandeln mit 1 TL Puderzucker vermi-
schen. Die Plätzchen mit Mandeln und
Zimtzucker bestreuen und wie im
Rezept angegeben backen.*

Thanks-giving-Büfett

Erntedank auf Amerikanisch

In den USA ist Thanksgiving ein **Familien-fest** der besonderen Art, das dem Weihnachtsfest kaum nachsteht. Die ganze Familie versammelt sich zum traditionellen **Truthahnessen,** selbst weit entfernt lebende erwachsene Kinder reisen oft dafür an. Wie wäre es auch hierzulande mal mit einem gemütlichen Erntedankessen mit der Familie und engen Freunden? In Amerika bedankt sich jeder vor dem Festessen reihum – vom Opa bis zum Enkel – für alles, wofür er in diesem Jahr **dankbar** ist. Ein schöner, nachahmenswerter Brauch, finden Sie nicht auch?

Thanksgiving-Büfett für 10 Personen

Der Truthahn ist das Highlight bei diesem herbstlichen Festessen.

Kürbissuppe, Süßkartoffelbrei und Apfel-Pekannuss-Pie sind ebenfalls typisch amerikanische Thanksgiving-Spezialitäten. Sie harmonieren prächtig mit der französisch inspirierten Geflügelterrine und angenehm leichten Herbstsalaten. Die Suppe mit den Maisbrotschnecken, die Terrine und die Salate arrangieren Sie zuerst auf dem Büfett. Wenn die Vorspeise aufgegessen ist, bringen Sie den Truthahn samt Beilagen zum Büfett. Präsentieren Sie den goldbraunen Truthahn unbedingt im Ganzen und zerteilen Sie ihn vor den Augen der Gäste – er ist einfach eine Augenweide. Zum süßen Abschluss stellen Sie dann den Apfel-Pekannuss-Pie und die Ahornsirup-Creme hin. An kalten Tagen schmeckt ein heißer Apfelpunsch dazu.

Für die Planung

◆ **Das gibt es zu essen**
Kürbiscremesuppe
Maisbrotschnecken
Geflügelterrine
Blaukraut-Cranberry-Salat
Feldsalat mit Roquefort
Truthahn mit Schinken-Brot-Füllung
Süßkartoffelbrei
Glasierte Maronen
Grüne Bohnen mit Erdnüssen
Apfel-Pekannuss-Pie
Ahornsirupcreme

◆ **Das brauchen Sie zusätzlich**
Eventuell ein Preiselbeer-Dip (Rezept Seite 125) oder Preiselbeeren aus dem Glas zur Geflügelterrine

◆ **Das gibt es zu trinken**
Trockener Weißwein (z. B. Grauburgunder)
Apfelwein (Cidre) oder Apfelpunsch
Johannisbeersaft
Wasser

◆ **Apfelpunsch**
2 EL schwarze Teeblätter mit 1 l Wasser aufbrühen und 2 Min. ziehen lassen. Dann in einen Topf abseihen und 2 l klaren Apfelsaft dazugießen. Je 2 Bio-Orangen und -Zitronen in Scheiben, mit 2 Stangen Zimt und 4 Nelken hinzufügen. Den Punsch erhitzen, aber nicht kochen lassen, und nach Geschmack süßen. Die Erwachsenen können ihren Apfelpunsch nach Belieben mit einem Schuss Calvados aufpeppen.

Planen Sie etwa 6 Stunden am Festtag für die Vorbereitungen ein. Während der gefüllte Truthahn im Backofen seiner Vollendung entgegenbrutzelt, haben Sie Zeit für die übrigen Gerichte. Als Büfett genügt ein kleiner Tisch.

2 Tage vorher

◆ Maisbrotschnecken backen und einfrieren

1 Tag vorher

◆ Geflügelterrine zubereiten, zugedeckt kühl stellen
◆ Apfel-Pekannuss-Pie backen, kühl stellen

Am Tag des Festessens

◆ Maisbrotschnecken auftauen lassen, aufbacken, abgekühlt in einen Korb geben und mit einem Tuch abdecken
◆ Inzwischen den Truthahn füllen, in den Backofen schieben
◆ Ahornsirupcreme zubereiten, kühl stellen
◆ Kürbissuppe zubereiten, im Topf beiseitestellen
◆ Blaukraut-Cranberry-Salat zubereiten, beiseitestellen
◆ Feldsalat mit Roquefort vorbereiten, das Dressing separat
◆ Geflügelterrine in Scheiben schneiden, auf einer Platte anrichten
◆ Süßkartoffelbrei zubereiten, warm halten
◆ Glasierte Maronen zubereiten, warm halten
◆ Grüne Bohnen mit Erdnüssen zubereiten, warm halten

Wenn die Gäste da sind

◆ Kürbissuppe aufwärmen, in eine Terrine füllen, mit den Maisbrotschnecken aufs Büfett stellen
◆ Feldsalat mit dem Dressing mischen

Nach der Vorspeise

◆ Truthahnsauce fertig stellen, in eine Sauciere füllen
◆ Beilagen in vorgewärmte Schüsseln füllen
◆ Truthahn auftragen und tranchieren

Später

◆ Truthahn und Beilagen abtragen, Desserts hinstellen

So geht's schneller

Statt der selbst gemachten Geflügelterrine können Sie auch eine fertig gekaufte Terrine oder Pastete aufs Büfett stellen. Der Apfel-Pekannuss-Pie lässt sich natürlich auch durch einen Kuchen aus der Konditorei ersetzen. Beim Truthahn lässt sich leider keine Zeit einsparen.

Dekoration

Körbe oder Schalen mit Kastanien, Nüssen, Birnen, Quitten und Äpfeln bringen eine herbstliche Stimmung in den Raum. Den Tisch decken Sie mit einer schönen Leinendecke. Dazu ein hübsches Detail: Binden Sie Besteck und Serviette mit einem Stoffband zusammen und dekorieren Sie das Gebinde mit Lampionblumen und Hagebuttenzweiglein. Sie wünschen eine bestimmte Sitzordnung? Dann beschriften Sie als »Tischkarten« kleine Zierkürbisse mit den Namen der Gäste.

Haben Sie an alles gedacht?

Ist der Truthahn rechtzeitig vorbestellt? Sind Formen für Terrine und Pie da? Großes Brett für den Truthahn liegt bereit? Tranchiergabel und -messer für den Truthahn sind vorhanden?

Kürbiscremesuppe

Herbst-Hit

ZUBEREITUNG 45 Min.
PRO PORTION 240 kcal

ZUTATEN für 10 Personen
1 Kürbis (ca. 3,5 kg; Muskat-
    oder Hokkaidokürbis)
500 g mehligkochende Kartoffeln
2 Zwiebeln
1 Stück frischer Ingwer (ca. 2 cm)
4 EL Olivenöl
1 1/2 l Gemüsebrühe
250 g Sahne
4 cl Portwein (nach Belieben)
2 Orangen
1/2 TL Currypulver
Salz | Pfeffer
Zucker

1 Den Kürbis in Stücke schneiden, die Kerne und fase-
rigen Teile entfernen. Das Fruchtfleisch erst aus der
Schale, dann in kleine Stücke schneiden. Die Kartoffeln
schälen und klein würfeln. Zwiebeln und Ingwer schälen, beides in kleine Würfel schneiden.

2 Das Öl in einem Topf nicht zu stark erhitzen und
die Zwiebel- und Ingwerwürfel darin glasig dünsten.
Die Kartoffel- und Kürbiswürfel dazugeben. Die Brühe
dazugießen und aufkochen lassen. Sahne und eventuell
Portwein unterrühren. Die Suppe bei schwacher Hitze
ca. 20 Min. köcheln lassen, bis die Kartoffeln und der
Kürbis weich sind.

3 Den Topf vom Herd nehmen und die Kürbissuppe
mit dem Pürierstab pürieren. Die Orangen auspressen,
den Saft zur Suppe geben und unterrühren. Mit Currypulver, Salz, Pfeffer und Zucker würzen. ◆◆◆

Auch gut

*Die Suppe mit Aceto balsamico abschmecken und mit
gerösteten Kürbiskernen bestreuen. Oder vor dem
Servieren einige Tropfen Trüffelöl in die Suppe rühren.*

Maisbrotschnecken

hübsche Beilage

ZUBEREITUNG 25 Min.
RUHEN 30 Min.
BACKEN 25 Min.
PRO STÜCK 210 kcal

ZUTATEN für 10 Stück
300 g Weizenmehl | 200 g Maismehl
1 Päckchen Trockenhefe
1 1/2 TL Salz | 1 TL Zucker
1 TL Chilipulver | 2 EL Maiskeimöl
1 Eigelb | 2 EL Milch
Backpapier für das Backblech
Mehl für die Arbeitsfläche

1 Das Weizenmehl mit Maismehl, Trockenhefe, Salz,
Zucker und Chilipulver in einer Schüssel mischen.
350 ml lauwarmes Wasser und Öl dazugeben und zu
einem glatten, geschmeidigen Teig verkneten. Den Teig
zugedeckt an einem warmen Ort 30 Min. gehen lassen.

2 Den Backofen auf 180° vorheizen. Ein Blech mit Backpapier belegen. Den Teig auf bemehlter Arbeitsfläche gut
kneten und zu einer Rolle formen. Die Rolle in 10 Stücke
teilen, die Stücke mit den Händen erst zu fingerdicken,
etwa 15 cm lange Rollen, dann zu Schnecken formen
und auf das Blech legen. Eigelb mit Milch verrühren,
die Schnecken damit einpinseln. Im Ofen (Mitte, Umluft
160°) in 20–25 Min. goldbraun backen. ◆◆◆

Deko-Tipp

*Die Maisbrotschnecken vor dem Backen mit Eigelb
einpinseln und mit Sesamsamen bestreuen.*

Maisbrot-Variante

*Den Maisbrotteig gut kneten, zu einem
länglichen Brot formen und auf das
Blech legen. Eigelb mit Milch verrühren.
Das Brot damit einpinseln und mit
1 EL Kürbiskernen bestreuen. Im vorgeheizten Ofen bei 180° (Mitte, Umluft
160°) in 25–30 Min. goldbraun backen.*

Blaukraut-Cranberry-Salat

fruchtig

ZUBEREITUNG 30 Min.
MARINIEREN 1 Std.
PRO PORTION 120 kcal

ZUTATEN für 10 Personen
100 g getrocknete Cranberrys
200 ml Apfelsaft
2 Gewürznelken
1 Sternanis | 1 kleine Stange Zimt
1 kleiner Kopf Blaukraut (Rotkohl, ca. 1 kg)
Salz | Pfeffer | 1 Dijon-Senf
3 EL Rotweinessig
6 EL Sonnenblumen- oder Rapsöl

1 Die Cranberrys mit dem Apfelsaft und den Gewürzen in einem Topf aufkochen und zugedeckt bei schwacher Hitze 5 Min. köcheln lassen. Vom Herd nehmen und lauwarm abkühlen lassen.

2 Inzwischen das Blaukraut eventuell von den äußeren Blättern befreien, den Kopf längs vierteln und die Viertel in feine Streifen hobeln oder schneiden. In einer Schüssel mit 1 TL Salz mischen und 1–2 Min. mit den Händen kneten, bis das Kraut weich wird.

3 Die Cranberrys in ein Sieb abgießen, dabei den Sud auffangen. Die Gewürze entfernen. Den Sud mit je 1 kräftigen Prise Salz und Pfeffer, Senf und Essig verquirlen und das Öl unterschlagen. Das Dressing und die Cranberrys unter das Kraut mischen und mindestens 1 Std. ziehen lassen.

Feldsalat mit Roquefort

würzig

ZUBEREITUNG 30 Min.
PRO PORTION 150 kcal

ZUTATEN für 10 Personen
400 g Feldsalat
200 g blaue kernlose Trauben
2 reife Birnen
1 EL frisch gepresster Zitronensaft
Salz | Zucker | Pfeffer
1 TL Dijon-Senf
4 EL milder Weißweinessig
8 EL Walnuss- oder Haselnussöl
100 g Alfalfasprossen (nach Belieben)
100 g Roquefort

1 Den Feldsalat putzen, waschen und in einem Sieb abtropfen lassen. Die Trauben waschen und halbieren. Die Birnen nach Belieben gründlich waschen oder schälen, vierteln, das Kerngehäuse entfernen und die Viertel in Spalten schneiden. Den Zitronensaft mit 1 EL Wasser mischen und die Birnenspalten damit beträufeln, damit sie nicht braun werden.

2 Für das Dressing je 1/2 TL Salz und Zucker, ca. 1/2 TL frisch gemahlenen Pfeffer, Senf, Essig und Nussöl in ein Schraubglas geben und kräftig schütteln. Bis zum Büfettaufbau beiseitestellen. Eventuell die Sprossen in einem Sieb kalt abbrausen und abtropfen lassen.

3 Den Salat mit den Trauben, den Birnenspalten und nach Belieben den Sprossen in eine Schüssel schichten. Den Roquefort darüberbröckeln. Das Dressing kurz vor Beginn der Vorspeise noch einmal kräftig schütteln, über den Salat geben und vorsichtig durchmischen.

Gut zu wissen

Roquefort ist ein pikanter Blauschimmelkäse, der aus Schafmilch hergestellt wird und in den Felshöhlen um das Städtchen Roquefort (Zentralfrankreich) reift. Milder, aber ein möglicher Ersatz, ist italienischer Gorgonzola.

Geflügelterrine

gelingt ganz leicht

ZUBEREITUNG 40 Min.
MARINIEREN 1 Std.
GAREN 50 Min.
RUHEN 24 Std.
PRO PORTION 385 kcal

ZUTATEN für 10 Personen (1 Terrinenform, 1,5 l Inhalt)
600 g Hähnchenbrustfilets | 1 Bio-Orange
4 EL Sherry medium (oder Orangensaft) | 3 Eier
250 g rohes Schweinswurstbrät
  (eventuell beim Metzger vorbestellen)
250 g Mascarpone | Salz | schwarzer Pfeffer
Cayennepfeffer | 50 g Pistazienkerne
300 g Hühnerlebern | 1 Bund Petersilie
1 EL Butter | 2–3 Zweige Thymian
2–3 Lorbeerblätter | 6–8 schwarze Oliven
Butter für die Form

1 Das Hähnchenfleisch kalt waschen, trocken tupfen und in große Stücke schneiden. Die Orange heiß waschen und abtrocknen, die Schale abreiben und 4 EL Saft auspressen. Das Fleisch in einer Schüssel mit Orangensaft und -schale und dem Sherry mischen und zugedeckt 1 Std. kalt stellen.

2 Das marinierte Hähnchenfleisch mit dem Blitzhacker pürieren. Die Eier aufschlagen, verrühren und mit Bratwurstbrät und Mascarpone hinzufügen. Mit 1 1/2 TL Salz, 1 TL frisch gemahlenem schwarzem Pfeffer und 1/2 TL Cayennepfeffer würzen. Die Pistazienkerne grob hacken, dazugeben, alles sorgfältig vermischen und zugedeckt kalt stellen.

3 Die Hühnerlebern waschen, abtrocknen und von Häutchen und Sehnen befreien. Die Petersilie waschen und trocken schütteln, die Blätter fein hacken. Die Butter in einer Pfanne aufschäumen lassen, die Lebern darin 1–2 Min. anbraten. Die Petersilie dazugeben, leicht salzen und pfeffern. Vom Herd nehmen und die Lebern lauwarm abkühlen lassen.

4 Den Backofen auf 160° vorheizen. Die Terrinenform mit Butter einfetten. Drei Viertel von der Fleischmasse in die Form füllen. Die Hühnerlebern darauf verteilen, die übrige Fleischmasse daraufgeben und glatt streichen. Die Form einige Male kräftig auf die Arbeitsfläche stoßen, damit keine Luftblasen in der Fleischmasse bleiben.

5 Thymian waschen und trocken schütteln. Terrine mit Thymianzweigen, Lorbeerblättern und Oliven verzieren und im Ofen (Mitte, Umluft 150°) in 50 Min. garen. Herausnehmen, abkühlen lassen, mit Folie abgedeckt im Kühlschrank mindestens 24 Std. ruhen lassen.

Tipp

Dazu schmecken der Preiselbeer-Dip von Seite 125, das Kirschchutney von Seite 89 oder, wenn's schnell gehen soll, Preiselbeeren aus dem Glas nehmen.

Truthahn mit Schinken-Brot-Füllung

beliebter Klassiker ◆ macht was her

ZUBEREITUNG 45 Min.
BRATEN 4–5 Std.
PRO PORTION 1110 kcal

ZUTATEN für 10 Personen
1 Truthahn (ca. 4–5 kg)
150 g Butter | Salz
2 Zwiebeln
2 Bund Suppengrün
2 EL Öl | 1 EL Rohrzucker
500 ml Geflügelbrühe
Für die Füllung:
250 g Toastbrot
200 ml Milch
2 Zwiebeln
1 Bund Petersilie
150 g gekochter Schinken
1 Bio-Zitrone
50 g Hartweizengrieß
2 EL Öl | 4 Eier
50 g Rosinen
Salz | Pfeffer
frisch geriebene Muskatnuss
Außerdem:
Küchengarn oder Holzspießchen

1 Den Truthahn innen und außen waschen und trocken tupfen. Die Butter zerlassen und 1/2 TL Salz unterrühren. Den Truthahn innen und außen mit der Salzbutter bestreichen, den Rest beiseitestellen.

2 Zwiebeln schälen, Suppengrün putzen. Beides klein würfeln. Das Öl erhitzen, Zwiebeln und Gemüse darin andünsten. Den Rohrzucker dazugeben, kurz mitrühren, die Brühe angießen, bei mittlerer Hitze 5 Min. einköcheln lassen. In einen großen Bräter oder in die Fettpfanne des Ofens geben. Den Ofen auf 150° vorheizen.

3 Für die Füllung das Toastbrot klein würfeln, die Milch erwärmen und die Brotwürfel darin einweichen. Zwiebeln schälen und klein würfeln. Die Petersilie waschen und trocken schütteln, die Blätter fein hacken. Den Schinken in kleine Würfel schneiden. Die Zitrone heiß waschen, abtrocknen und die Schale abreiben.

4 Das Öl erhitzen und die Zwiebeln darin andünsten, Petersilie, Schinkenwürfel und Grieß unterrühren. Das eingeweichte Brot mit den Eiern verrühren. Die Schinkenwürfelmasse dazugeben und untermischen. Zitronenschale und Rosinen unterrühren. Die Masse mit Salz, Pfeffer und Muskat würzen.

5 Den Truthahn mit der Masse füllen, mit Küchengarn zunähen oder mit Holzspießchen verschließen und mit der Brust nach unten in den Bräter oder in die Fettpfanne legen. Nochmals mit Salzbutter bestreichen, im Backofen (unten) in 4–5 Std. garen, dabei immer wieder mit der Salzbutter bestreichen.

6 Truthahn aus dem Ofen nehmen. Die Sauce durch ein Sieb passieren. Vor dem Servieren nochmals erwärmen und mit Salz und Pfeffer abschmecken. ────────◆ ◆ ◆

1 Die frischen Bohnen waschen, die Enden abknipsen und die Bohnen entfädeln. 2 1/2 l Wasser mit dem Essig aufkochen lassen. Die Bohnen darin in 8–10 Min. bissfest garen. Herausnehmen, kurz in kaltes Wasser legen und in einem Sieb abtropfen lassen.

2 Die Schalotten schälen und in kleine Würfel schneiden. Das neutrale Öl in einem Topf erhitzen und die Schalotten darin glasig andünsten.

3 Die Bohnen zu den Schalotten in den Topf geben und ca. 3 Min. mitdünsten. Mit Salz, Pfeffer und Sojasauce würzen. Erdnusskerne und Erdnussöl unter das Bohnengemüse mischen.

Austausch-Tipp

Die Erdnüsse und das Erdnussöl weglassen. Stattdessen 4 Scheiben Frühstücksspeck in kleine Würfel schneiden. Die Würfel in einer Pfanne ohne Fettzugabe knusprig braun braten. Die Speckwürfelchen und 1 TL frisch gehackten Thymian unter das Bohnengemüse mischen.

Variante – mit Kidneybohnen

Die Bohnen, wie oben im Grundrezept beschrieben, vorbereiten und dünsten. 1 Dose Kidneybohnen (Abtropfgewicht 285 g) und 1 Dose Mais (Abtropfgewicht 285 g) in ein Sieb abgießen, waschen und abtropfen lassen. Beides zu den Bohnen geben und 1–2 Min. mitdünsten. Das Gemüse mit Salz, Pfeffer und 1 Spritzer Tabasco würzen.

Grüne Bohnen mit Erdnüssen

ungewöhnlich

ZUBEREITUNG 40 Min.
PRO PORTION 130 kcal

ZUTATEN für 10 Personen
1 kg grüne Bohnen (frisch odr TK)
1 EL Essig
3 Schalotten
3 EL neutrales Öl
Salz | Pfeffer
1 TL helle Sojasauce
100 g ungesalzene Erdnusskerne
1 EL Erdnussöl

Variante – Bohnensalat mit Erdnüssen

Die Bohnen putzen und bissfest garen, dann in einem Sieb abtropfen lassen. 2 Schalotten und 2 Knoblauchzehen schälen, beides klein würfeln. 2 EL helle Sojasauce mit 3 EL Weißweinessig, 4–5 EL Öl und 1 TL Sambal oelek verrühren. Bohnen darin wenden, ziehen lassen und vor dem Servieren mit den Erdnusskernen vermischen.

Glasierte Maronen

Klassiker

ZUBEREITUNG 45 Min.
BACKEN 10 Min.
PRO PORTION 245 kcal

ZUTATEN für 10 Personen
1 kg Maronen
50 g Butter
100 g Puderzucker
250 ml leichte Geflügelbrühe

1 Den Backofen auf 220° vorheizen. Die Maronen an der gewölbten Seite mit einem scharfen Messer kreuzweise einschneiden und auf ein Backblech legen. Die Maronen im Ofen (Mitte, Umluft 200°) ca. 10 Min. backen, bis die Schale aufspringt. Herausnehmen und die Schalen ablösen.

2 Die Butter in einer Pfanne oder einem Topf mit schwerem Boden schmelzen lassen. Den Puderzucker und die Maronen dazugeben und unter Rühren karamellisieren lassen.

3 Die Geflügelbrühe dazugießen und die Maronen bei schwacher Hitze ca. 10 Min. köcheln, dann abkühlen lassen. Kurz vor dem Servieren die Maronen ganz langsam wieder erwärmen.

Austausch-Tipps

Schneller geht es, wenn Sie geschälte Maronen aus dem Glas nehmen. Diese gibt es inzwischen im gut sortierten Supermarkt zu kaufen. Oder Sie verwenden vakuumverpackte Maronen. Die Packung mit der Küchenschere aufschneiden und die Maronen vorsichtig voneinander lösen – sie zerbrechen leicht. Dann die Maronen wie im Rezept beschrieben glasieren.

Süßkartoffelbrei

raffiniert

ZUBEREITUNG 25 Min.
PRO PORTION 130 kcal

ZUTATEN für 10 Personen
1 kg Süßkartoffeln (Bataten)
Salz | 250 ml Milch
30 g Butter
2 Prisen Pimentpulver
1/2 TL Zimtpulver
frisch geriebene Muskatnuss

1 Die Süßkartoffeln waschen, schälen und in dicke Scheiben schneiden. Die Kartoffeln einen Topf geben, mit Wasser bedecken und 1/2 TL Salz hinzufügen. Die Süßkartoffeln zugedeckt bei mittlerer Hitze in ca. 20 Min. weich garen.

2 Die Milch bei schwacher Hitze erwärmen. Die Kartoffeln abgießen, kurz ausdampfen lassen und noch heiß durch die Kartoffelpresse drücken, dann mit Milch und Butter glatt rühren. Den Kartoffelbrei mit Piment, Zimtpulver und Muskat abschmecken.

KARTOFFELBREI-VARIANTEN

Gratinierter Süßkartoffelbrei

1 Handvoll Marshmallows (ca. 40 g) mit der Küchenschere klein schneiden. Den Süßkartoffelbrei in eine ofenfeste Form füllen und die Marshmallows darauf verteilen. Im vorgeheizten Ofen (oben) bei 220° kurz gratinieren. Wer keine Süßkartoffeln mag, kann sie einfach durch mehligkochende Kartoffeln austauschen. Den Kartoffelbrei dann nur mit Salz und Muskat würzen.

Garlic-Mashed-Potatoes

Sind in den USA eine beliebte Beilage zum gefüllten Truthahn: Dafür die Süßkartoffeln waschen, schälen und klein schneiden. In Salzwasser in ca. 20 Min. weich kochen. 5 Knoblauchzehen schälen, durch die Presse drücken und zusammen mit der Milch erwärmen. Die Süßkartoffeln abgießen, durch die Presse drücken und mit der Knoblauchmilch und 30 g Butter verrühren. Mit Salz und Muskat abschmecken.

im Bild links Glasierte Maronen
im Bild rechts Süßkartoffelbrei

Apfel-Pekannuss-Pie

zum Dahinschmelzen gut

ZUBEREITUNG 45 Min.
BACKEN 40 Min.
PRO STÜCK 520 kcal

ZUTATEN für 1 Pieform (30 cm Ø, 10 Stücke)
Für den Teig:
175 g Butter
50 g Zucker
1 Ei | 300 g Mehl
Für den Belag:
750 g Äpfel (z. B. Elstar)
1 Zitrone
2 EL Ahornsirup
2 EL Honig
30 g Butter
200 g Pekannusskerne | 1 Ei
1 Eigelb und 1 EL Milch zum Bestreichen
Außerdem:
Butter für die Form
Mehl für die Arbeitsfläche

1 Für den Teig die Butter mit Zucker und Ei cremig rühren. Das Mehl rasch unterkneten. Den Teig in Klarsichtfolie wickeln und 30 Min. kalt stellen.

2 Inzwischen die Äpfel schälen und in schmale Spalten schneiden, dabei das Kerngehäuse entfernen. Die Zitrone auspressen. Zitronensaft mit 100 ml Wasser und Ahornsirup aufkochen lassen. Die Apfelspalten dazugeben und bei abgeschalteter Herdplatte 5 Min. ziehen lassen. Apfelspalten herausnehmen. Übrigen Sirup mit Honig und Butter aufkochen lassen. 150 g Pekannusskerne dazugeben, kurz mitkochen, dann leicht abkühlen lassen. Das Ei unterrühren.

3 Den Backofen auf 180° vorheizen. Eine Pieform einfetten. Zwei Drittel Teig auf bemehlter Arbeitsfläche ausrollen, die Form damit auskleiden. 50 g Pekannusskerne fein mahlen, auf den Teig streuen. Apfelspalten darauf verteilen. Restlichen Teig ausrollen, kleine Blätter ausstechen und den Pie-Rand damit belegen. Das Eigelb mit Milch verrühren. Den Blätterrand damit bestreichen.

4 Die Apfel-Pie im Backofen (Mitte, Umluft 160°) 20 Min. backen. Den Pekannuss-Guss darauf verteilen und in 15–20 Min. fertig backen. Zum Servieren in 10 Stücke teilen.

Ahornsirupcreme

fix zubereitet

ZUBEREITUNG 20 Min.
PRO PORTION 350 kcal

ZUTATEN für 10 Personen
1 Vanilleschote | 1 Zitrone
250 g Mascarpone | 500 g Magerquark
1/2 TL Zimtpulver | 100 ml Ahornsirup
400 g Sahne | 100 g Amarettini (italienische Mandelmakronen) | 2 EL Puderzucker

1 Die Vanilleschote längs aufschlitzen und das Mark herauskratzen. Die Zitrone auspressen. Mascarpone mit Zitronensaft, Vanillemark, Quark, Zimt und Ahornsirup cremig verrühren. Die Sahne steif schlagen und unter die Creme rühren. Die Ahornsirupcreme in eine große Schüssel oder Gläser füllen.

2 Die Amarettini in einen Gefrierbeutel füllen und mit den Händen oder einem Nudelholz zerbröseln.

3 Den Puderzucker in einer Pfanne schmelzen lassen, die Amarettinibrösel dazugeben und unter Rühren karamellisieren lassen. Herausnehmen und abkühlen lassen. Die Creme mit den Bröseln bestreuen.

Variante – mit Quittensauce

Für die Quittensauce 3 EL Quittengelee mit 75 ml Orangensaft aufkochen, dann 1 EL Orangenlikör unterrühren und abkühlen lassen. Die Ahornsirupcreme in eine Glasschüssel füllen. Die Quittensauce daraufgeben und die Sauce mit einer Gabel oder einem Holzstäbchen durch die Creme ziehen. Oder die Quittensauce getrennt zur Ahornsirupcreme servieren. Die Ahornsirupcreme schmeckt auch ohne Amarettinibrösel oder Quittensauce sehr gut zur Apfel-Pekannuss-Pie (Rezept links).

Advents-kaffee

Es weihnachtet schon

Draußen ist es neblig, so richtig kalt und unwirtlich? Vielleicht liegt sogar schon der **erste Schnee**. Was gibt es da Schöneres, als mit guten Freunden **in der warmen Stube** zu sitzen, gemütlich Kaffee zu trinken und in weihnachtlicher Vorfreude die ersten **Plätzchen** zu probieren. Sie bevorzugen Tee? Dann laden Sie doch zum **Five o'Clock Tea,** zur eleganten Teestunde nach guter englischer Tradition, ein. Natürlich nicht nur im Advent: Das feine Gebäck und die kleinen pikanten Häppchen schmecken auch zu jeder anderen Jahreszeit.

Adventskaffee für 12 Personen

Zum gemütlichen Plausch bei Kaffee oder Tee gibt es Süßes und Herzhaftes.

Laden Sie Ihre Gäste zu dieser Feierlichkeit rechtzeitig ein, denn in der Vorweihnachtszeit sind die meisten Menschen sehr beschäftigt. So vieles muss noch besorgt und erledigt werden, verschiedene Weihnachtsfeiern stehen an. Geht es Ihnen genauso? Das dachten wir uns!

Die meisten »Zutaten« fürs Büfett können Sie deshalb schon Tage vorher backen und vorbereiten. Wenn Sie genügend Platz haben, decken Sie eine schöne Kaffeetafel. Falls nicht, ist das auch nicht weiter schlimm, Sitzgelegenheiten mit einer kleinen Abstellmöglichkeit für Tassen und Teller genügen vollauf. Alle Speisen können nämlich bequem aus der Hand oder mit einer Kuchengabel verspeist werden.

Für die Planung

◆ Das gibt es zu essen

Englischer Teekuchen
Lebkuchen-Gebäck
Rosmarin-Scones
Profiteroles mit Forellencreme

Sesamherzen mit Papayabutter
Sandwiches mit Eiercreme
Sandwiches mit Thunfischcreme
Schokoplätzchen

Mandelhörnchen
Shortbread
Charlotte mit weißer
  Kaffeemousse

◆ Das gibt es zu trinken

Neben Kaffee und Tee eventuell
  Adventspunsch
Mineralwasser und Säfte
Likör nach Belieben

Kaffee (gebrüht)

Pro Tasse Kaffee brauchen Sie 1 EL Kaffeepulver und 1 Tasse Wasser: Die Kaffeekanne mit kochendem Wasser ausspülen. Das Kaffeepulver in die Kanne geben. Wasser zum Kochen bringen, Kaffee mit dem Wasser überbrühen, den Siebeinsatz auf die Kanne setzen. Kurz stehen lassen, damit sich das Aroma entfalten kann und den Siebeinsatz nach unten drücken. Mit Milch und Zucker servieren.

Cappuccino

H-Milch erwärmen (ergibt den besten Schaum!), mit dem Schneebesen oder einem Milchschäumer aufschlagen, bis sich ein dicker weißer Schaum gebildet hat. Kaffee oder Espresso in die Tassen füllen, etwas Milch dazugießen, mit einem Esslöffel den Milchschaum daraufgeben. Mit Kakaopulver bestreuen und mit Zucker servieren.

Tee

1 l Wasser aufkochen lassen, 3–4 TL Tee im Teefilter in die Kanne geben, mit kochendem Wasser überbrühen. Den Tee 2–3 Min. ziehen lassen. Dazu servieren Sie Zucker, Kandis, Zitrone, Milch und

Sahne. Brühen Sie den Tee erst auf, wenn die Gäste da sind. Wenn er länger steht, wird er leicht bitter.

Adventspunsch

2–3 EL Honig mit 1 l Schwarztee, 1 Stange Zimt, dem Saft von 2 Orangen und 2 Zitronen unter Rühren aufkochen lassen. Den Zimt entfernen. 100 ml weißen Rum oder Orangenlikör dazugeben. 250 g Sahne steif schlagen. Den Punsch in hitzebeständige Gläser füllen. Etwas Sahne daraufgeben, mit Zimtpulver bestreuen und servieren. Für die Kinder bereiten Sie den Punsch ohne Alkohol zu und nehmen statt Rum oder Likör 300 ml Johannisbeersaft.

Das Backwerk können Sie schon Tage vorher zubereiten. Bewahren Sie es in gut schließenden Blechdosen auf. Darin bleibt es mürbe und entfaltet sein volles Aroma.

1 Woche vorher

◆ Lebkuchen-Gebäck backen, in Blechdosen aufbewahren
◆ Rosmarin-Scones backen, einfrieren

3–4 Tage vorher

◆ Englischen Teekuchen backen, in Folie gewickelt kühl lagern
◆ Schokoplätzchen, Mandelhörnchen und Shortbread backen, in Blechdosen aufbewahren

2 Tage vorher

◆ Kaffeesahne für die Charlotte zubereiten

1 Tag vorher

◆ Sesamherzen backen, in Blechdosen aufbewahren
◆ Profiteroles backen (noch nicht füllen), in Blechdosen aufbewahren
◆ Charlotte fertig stellen, kühl stellen

Am Tag der Einladung

◆ Rosmarin-Scones (mindestens 2 Std.) auftauen lassen, Saure-Sahne-Dip zubereiten
◆ Sandwiches zubereiten, mit einem Tuch abdecken
◆ Papayabutter zubereiten
◆ Forellencreme zubereiten, die Profiteroles damit füllen
◆ Teekuchen aufschneiden, auf einer Platte anrichten
◆ Plätzchen auf Teller verteilen

Wenn die Gäste da sind

◆ Kaffee, Cappuccino, Tee und Punsch zubereiten

So geht's schneller

Kaufen Sie fertige Plätzchen, Lebkuchen und Christstollen und bereiten Sie nur die herzhaften Leckereien ganz frisch zu.

Dekoration

Neben Kerzen und Christbaumkugeln machen sich Beeren in Gläsern (z. B. frische Cranberrys) oder kleine rotbackige Zieräpfel als Deko sehr gut. Oder schöne grüne oder rote Äpfel mit Eiweiß bestreichen und in Zucker wenden. Trocknen lassen und in einer Schale mit Zweigen arrangieren.

Wie wäre es mit einem Gastgeschenk?

Für Kokosbällchen 150 g getrocknete Aprikosen klein würfeln, mit 1 EL Aprikosenkonfitüre und 50 g Puderzucker im Mixer pürieren. 1 EL Aprikosenlikör unterrühren. 75 g Kokosraspel unterkneten. Daraus 24 Bällchen formen, in Kokosraspeln wälzen und über Nacht trocknen lassen. Je 2 Bällchen in eine Mini-Gebäcktüte füllen, mit Geschenkband verschließen.

Englischer Teekuchen

beliebter Klassiker

ZUBEREITUNG 25 Min.
BACKEN 1 Std.
PRO SCHEIBE 425 kcal

ZUTATEN für 1 Kastenform (30 cm lang, 12 Scheiben)
1 Bio-Orange | 40 g Orangeat
100 g kandierte Kirschen
150 g Rosinen
250 g weiche Butter
200 g Rohrzucker | 4 Eier
50 g gehackte Mandeln
1/2 TL gemahlene Muskatblüte (Macis)
300 g Mehl
1 TL Backpulver
Backpapier für die Form
Puderzucker zum Bestäuben

1 Den Backofen auf 180° vorheizen. Die Backform mit Backpapier auslegen. Die Orange heiß waschen, die Schale abreiben und den Saft auspressen. Das Orangeat und die kandierten Kirschen klein würfeln. Mit Rosinen sowie Orangensaft und -schale mischen.

2 Die Butter mit Rohrzucker cremig rühren. Die Eier nach und nach unterrühren. Die Früchte samt Saft, Mandeln und Muskatblüte dazugeben. Das Mehl mit Backpulver mischen und unter den Teig rühren.

3 Den Teig in die Form füllen und mit dem Teigschaber glatt streichen. Im Backofen (Mitte, Umluft 160°) ca. 1 Std. backen. Den Kuchen herausnehmen und in der Form abkühlen lassen, dann aus der Form nehmen und das Backpapier entfernen. Vor dem Servieren mit Puderzucker bestreuen. ——————◆▸

Weihnachts-Variante

Den Kuchen in einer Stern- oder Springform (24 cm Ø) backen, herausnehmen und auf einem Kuchengitter abkühlen lassen. 150 g Puderzucker mit 3 EL lauwarmer Milch, 1 TL Zitronensaft oder Rum zu einem dickflüssigen Guss verrühren. Den Kuchen damit überziehen. Aus Marzipanrohmasse (rot und grün eingefärbt) einen Stechpalmenzweig formen und auf den Kuchen legen. Oder mit kandierten Kirschen verzieren.

Lebkuchen-Gebäck

würzige Bissen

ZUBEREITUNG 25 Min.
BACKEN 15 Min.
PRO STÜCK 60 kcal

ZUTATEN für 48 Stück
150 g Honig
75 g Rohrzucker
75 g Butter | 3 EL Milch
2 TL Lebkuchengewürz
2 Eier | 250 g Mehl
1 TL Backpulver
1 EL Kakaopulver
50 g Raspelschokolade
Backpapier für das Backblech
96 bunte Papierpralinenförmchen zum Backen
Puderzucker zum Bestäuben

1 Den Honig mit Rohrzucker, Butter und Milch in einen kleinen Topf geben und unter Rühren erwärmen, bis sich der Zucker gelöst hat. Das Lebkuchengewürz unterrühren. Die Masse abkühlen lassen.

2 Die Eier unter die Honigmasse rühren. Das Mehl mit Backpulver und Kakaopulver mischen und mit der Raspelschokolade unter die Honigmasse ziehen.

3 Den Backofen auf 180° vorheizen. Das Backblech mit Backpapier belegen. Je 2 Pralinenförmchen ineinanderstellen und auf das Blech setzen. Die Förmchen mit je 1/2 TL Teig füllen. Im Ofen (Mitte, Umluft 160°) 15 Min. backen. Herausnehmen, abkühlen lassen und mit Puderzucker bestäuben. ——————◆▸

Muffin-Variante

Für etwas größere Teilchen 100 g Marzipanrohmasse mit 50 g Puderzucker verkneten. Daraus Kügelchen formen. Den Teig in 24 Mini-Muffinförmchen setzen, je 1 Marzipankugel in den Teig drücken. Im vorgeheizten Ofen (Mitte, Umluft 160°) 15–20 Min. backen.

Für den Saure-Sahne-Dip:
200 g saure Sahne
100 g Magerquark
2 EL kohlensäurehaltiges Mineralwasser
Salz | 1 TL frisch gepresster Zitronensaft

1 Für die Scones den Rosmarin waschen, die Nadeln abstreifen, auf Küchenpapier trocken tupfen und fein hacken. Den Pecorino fein reiben.

2 Das Mehl mit Backpulver, Rosmarin und Pecorino mischen und auf die Arbeitsfläche geben. 1 TL Salz, Zucker und Muskat sowie die Butter in Stücken dazugeben. In die Mitte eine Mulde drücken. 1 Ei trennen. Das Eiweiß beiseitestellen.

3 Eigelb und Ei mit Milch verrühren. Die Eiermilch in die Mulde gießen. Mit den Händen zu einem festen Teig verkneten und den Teig 10 Min. kalt stellen.

4 Den Backofen auf 200° vorheizen. Ein Backblech mit Backpapier belegen. Den Teig auf bemehlter Arbeitsfläche etwa 1,5 cm dick ausrollen, 20 Kreise von ca. 5 cm Durchmesser ausstechen und auf das Backblech legen. Mit Eiweiß bestreichen. Im Ofen (Mitte, Umluft 180°) in 15–20 Min. goldbraun backen.

5 Für den Dip die saure Sahne mit Quark und Mineralwasser cremig verrühren. Mit Salz und Zitronensaft würzen. Die Creme zu den Scones servieren.

Rosmarin-Scones

britisch inspiriert

ZUBEREITUNG 20 Min.
BACKEN 20 Min.
PRO STÜCK 110 kcal

ZUTATEN für ca. 20 Stück
Für die Scones:
1 Zweig Rosmarin | 50 g Pecorino
275 g Mehl | 2 TL Backpulver
Salz | 1/2 TL Zucker
frisch geriebene Muskatnuss
80 g Butter | 2 Eier | 75 ml Milch
Backpapier für das Backblech
runder Ausstecher (5 cm Ø)

Variante – Süße Scones

Dafür 300 g Mehl mit 2 TL Backpulver, 1 Prise Salz und 60 g Zucker mischen. 80 g Butter in Flöckchen dazugeben. Mit 1 Ei und 50 ml Milch zu einem festen Teig verkneten. Den Teig ausrollen, 20 Kreise von ca. 5 cm Durchmesser ausstechen. Im Ofen bei 200° (Umluft 180°) ca. 20 Min. backen. 200 g saure Sahne mit 1 Päckchen Vanillezucker verrühren und zu den Scones servieren.

Profiteroles mit Forellencreme

sehr fein

ZUBEREITUNG 40 Min.
BACKEN 25 Min.
PRO STÜCK 190 kcal

ZUTATEN für 12 Stück
Für den Brandteig:
110 g Butter | 1/2 TL Salz | 150 g Mehl
4 Eier | Backpapier für die Backbleche
Für die Forellencreme:
2 Räucherforellenfilets (ca. 150 g)
1 EL frisch gepresster Zitronensaft
2 cl Sherry (nach Belieben) | 100 g Sahne
Salz | Zitronenpfeffer | 1 EL Forellenkaviar
Dillspitzen oder Basilikumblättchen für die Deko

1 Den Backofen auf 220° vorheizen. 2 Backbleche mit Backpapier belegen. 250 ml Wasser mit Butter und Salz in einem Topf aufkochen lassen. Das Mehl auf einmal dazugeben und unterrühren. Dann so lange weiterrühren, bis sich der Teig in einem Kloß vom Topfboden löst. Den Topf vom Herd nehmen, die Eier nach und nach unterrühren.

2 Aus dem Teig mit 2 Teelöffeln 12 kleine Windbeutel formen und im Abstand von mindestens 4–5 cm auf die Bleche setzen. Die Windbeutel im Backofen (Mitte, Umluft 200°) nacheinander in 20–25 Min. goldbraun backen. Herausnehmen und noch warm mit der Schere oder einem scharfen Messer einen Deckel abschneiden. Die Profiteroles abkühlen lassen.

3 Die Forellenfilets grob zerpflücken. Mit Zitronensaft und eventuell Sherry im Mixer pürieren. Die Sahne steif schlagen und das Forellenpüree unterrühren. Mit Salz und Zitronenpfeffer würzen. Die Profiteroles mit der Forellencreme füllen. Mit Forellenkaviar und Dillspitzen oder Basilikumblättchen dekorieren. Den Deckel jeweils locker darauflegen. ————————— ◆

Sesamherzen mit Papayabutter

ungewöhnlich

ZUBEREITUNG 25 Min.
RUHEN 15 Min.
BACKEN 12 Min.
PRO STÜCK 120 kcal

ZUTATEN für ca. 24 Stück
300 g TK-Blätterteig | 1 Eigelb | 2 EL Milch
2 EL geschälte Sesamsamen | Backpapier
für das Backblech | Herzausstecher
Für die Papayabutter:
1 kleine reife Papaya | 1 Limette | 1 Chilischote
200 g weiche Butter | Salz | Ingwerpulver

1 Den Blätterteig aus der Packung nehmen und bei Zimmertemperatur 15 Min. auftauen lassen. Den Backofen auf 200° vorheizen. Das Backblech mit Backpapier belegen. Den Blätterteig ausrollen, mit der Ausstechform 24 Herzen ausstechen. Die Herzen auf das Backblech legen. Eigelb mit Milch verrühren, die Herzen damit bestreichen und mit Sesamsamen bestreuen. Im Ofen (Mitte, Umluft 180°) in 10–12 Min. goldbraun backen. Herausnehmen und abkühlen lassen.

2 Für die Papayabutter die Papaya halbieren, mit einem Löffel entkernen, schälen und das Fruchtfleisch würfeln. Die Limette auspressen und den Saft unter die Papayawürfel mischen. Die Chilischote längs aufschneiden, entkernen, waschen und in feine Streifen schneiden.

3 Butter mit Chili und Papaya im Mixer pürieren. Mit Salz und Ingwer würzen. Papayabutter in ein Schälchen füllen und zu den Sesamherzen servieren. ————— ◆◆

Austausch-Tipp

Schneller geht's, wenn Sie 2 Packungen (à ca. 270 g) fertig ausgerollten Blätterteig aus der Kühltheke verwenden.

Nusscreme-Variante

Statt Papayabutter eine Nusscreme zubereiten. Dafür 250 g Ricotta mit 150 g Crème fraîche, 50 g gemahlenen Kürbiskernen und 50 g gemahlenen Cashewnusskernen pürieren. Mit Salz würzen. Die Herzen quer durchschneiden und mit der Nusscreme füllen.

im Bild links Sesamherzen mit Papayabutter
im Bild rechts Profiteroles mit Forellencreme

Sandwiches mit Eiercreme

preiswert

ZUBEREITUNG 35 Min.
PRO STÜCK 170 kcal

ZUTATEN für 12 Stück
4 Eier | 1 TL Senf
2 EL Olivenöl
100 g Crème fraîche
Salz | Pfeffer
1 kleines Bund Petersilie
12 Scheiben Sandwichtoastbrot
Butter zum Bestreichen

1 Die Eier in 10–12 Min. hart kochen, kalt abschrecken und pellen. Die Eier halbieren, die Eigelbe herauslösen und im Mixer (oder in einem hohen Aufschlaggefäß mit dem Pürierstab) mit Senf, Öl und Crème fraîche fein pürieren. Mit Salz und Pfeffer würzen.

2 Die Eiweiße in winzige Würfel schneiden. Die Petersilie waschen und trocken schütteln, die Blätter fein hacken. Die Eiweiße und Petersilie zur Eiercreme geben und untermischen.

3 Die Brotscheiben eventuell entrinden und diagonal in Dreiecke schneiden. 12 Dreiecke mit Butter bestreichen. Die Eiercreme darauf verteilen. Die restlichen Dreiecke obendrauf legen und leicht andrücken. Die Sandwiches bis zum Büfettaufbau kalt stellen. ◆◆

Austausch-Tipp

Sie können die Eiercreme statt mit Crème fraîche auch mit 2 EL Salatcreme aus dem Glas zubereiten. Die gehackte Petersilie dann weglassen, dafür 1 kleines Bund Schnittlauch waschen, trocken schütteln und in feine Röllchen schneiden. Die Schnittlauchröllchen zur Creme geben und unterrühren.

Sandwiches mit Thunfischcreme

einfach lecker

ZUBEREITUNG 25 Min.
PRO STÜCK 155 kcal

ZUTATEN für 12 Stück
1 Dose Thunfisch in Olivenöl (ca. 160 g Inhalt)
1–2 Pellkartoffeln (ca. 125 g)
150 g Crème légère
1 kleines Glas Kapern (30 g Inhalt)
3 getrocknete in Öl eingelegte Tomaten
Salz | Pfeffer
12 Scheiben Sandwichtoastbrot
1 kleine Salatgurke
Butter zum Bestreichen

1 Den Thunfisch grob zerpflücken. Die Kartoffeln pellen und mit einer Gabel grob zerdrücken. Den Thunfisch samt Öl, Kartoffeln und Crème légère im Mixer (oder in einem hohen Aufschlaggefäß mit dem Pürierstab) fein pürieren.

2 Die Kapern in einem Sieb abtropfen lassen. Die getrockneten Tomaten in feine Streifen oder Würfel schneiden. Kapern und Tomaten unter die Thunfischcreme heben. Mit Salz und Pfeffer würzen.

3 Die Toastbrotscheiben eventuell entrinden und diagonal in Dreiecke schneiden. Die Gurke waschen und in hauchdünne Scheiben hobeln. 12 Toastdreiecke mit Butter bestreichen und mit Gurkenscheiben belegen. Die Thunfischcreme darauf verteilen. Die restlichen Dreiecke obendrauf legen und leicht andrücken. Bis zum Büfettaufbau kalt stellen. ◆◆

Austausch-Tipp

Die Sandwiches statt mit Gurke mit Salatblättchen belegen, z. B. Radicchio oder grünem Eichblattsalat. Dann die Thunfischcreme auf den Salatblättern gleichmäßig verteilen.

1 Die Schokolade in Stücke brechen. Die Sahne und das Espressopulver in einen kleinen Topf geben, verrühren und bei mittlerer Hitze erhitzen. Die Schokolade dazugeben und unter Rühren mit einem Schneebesen erst schmelzen, dann abkühlen lassen.

2 2 TL von der Schokoladenmischung mit Butter, Puderzucker, Kakaopulver, Eigelb und Kardamom mit dem Handrührgerät verrühren. Das Mehl dazugeben und alles rasch zu einem glatten Teig verkneten. Den Teig in Klarsichtfolie wickeln und 20 Min. kalt stellen.

3 Den Backofen auf 180° vorheizen. Ein Backblech mit Backpapier belegen. Den Teig zwischen Klarsichtfolie ca. 3 mm dick ausrollen. 60 ovale oder runde Plätzchen von ca. 4 cm Durchmesser ausstechen oder ca. 2 x 3 cm große Rechtecke ausschneiden und auf das Blech legen. Im Backofen (Mitte, Umluft 160°) 12–15 Min. backen. Herausnehmen, mit dem Papier vom Blech ziehen und abkühlen lassen.

4 Die restliche Schokoladenmischung gut umrühren, je 2 Plätzchen an der Unterseite damit bestreichen und zusammensetzen. Die fertigen Plätzchen dicht nebeneinander auf Backpapier setzen.

5 Die Kuvertüre in Stücke schneiden und in einem Töpfchen über dem Wasserbad schmelzen lassen. Die flüssige Schokolade in einen Gefrierbeutel füllen, an einer Ecke ein Loch hineinstechen und die Schokolade in feinen Linien auf die Plätzchen spritzen. Die Plätzchen kühl und trocken aufbewahren.

Schokoplätzchen

zarter Schokogenuss

ZUBEREITUNG 30 Min.
RUHEN 20 Min.
BACKEN 15 Min.
PRO STÜCK 90 kcal

ZUTATEN für ca. 30 Stück
100 g Zartbitterschokolade
50 g Sahne | 1 TL Espressopulver (Instant)
100 g weiche Butter | 50 g Puderzucker
1 TL Kakaopulver | 1 Eigelb
1 Prise gemahlener Kardamom | 200 g Mehl
50 g Zartbitterkuvertüre | Backpapier für das Backblech
runder Ausstecher (4 cm Ø) | Holzspießchen

Deko-Tipp

Zum Dekorieren 50 g weiße Kuvertüre mit 1 Tropfen Öl in ein Töpfchen geben und über dem heißen Wasserbad schmelzen lassen – Vorsicht, dass kein Wasser hineinspritzt. Die Plätzchen damit bestreichen und jeweils 1 Schokoladenbohne obendrauf sezten. Inzwischen gibt es auch fertige Schokoladenglasuren in kleinen Tuben zu kaufen. Diese müssen Sie einfach nur im heißen Wasserbad erwärmen, dann können Sie das Gebäck damit verzieren.

im Bild links Schokoplätzchen ◆ *im Bild rechts* Mandelhörnchen

Mandelhörnchen

schnell gemacht

ZUBEREITUNG 30 Min.
BACKEN 18 Min.
PRO STÜCK 290 kcal

ZUTATEN für 12 Stück
250 g Marzipanrohmasse
125 g Puderzucker
1 Eiweiß
Bittermandelaroma
200 g Mandelblättchen
50 g Vollmilchkuvertüre
100 g dunkle Schokoladenglasur (Fertigprodukt)
Backpapier für die Backbleche

1 Die Marzipanrohmasse auf der Gemüsereibe grob raspeln. Mit Puderzucker, Eiweiß und 3–4 Tropfen Bittermandelaroma zu einer glatten Masse verkneten.

2 Den Backofen auf 180° vorheizen. 2 Backbleche mit Backpapier belegen und mit der Hälfte der Mandelblättchen bestreuen. Die Marzipanmasse in einen Spritzbeutel mit großer Lochtülle füllen. Auf jedes Blech 6 Hörnchen spritzen.

3 Die Hörnchen mit den übrigen Mandelblättchen bestreuen und leicht andrücken. Die Mandelhörnchen im Ofen (Mitte, Umluft 160°) in 15–18 Min. goldbraun backen. Herausnehmen und abkühlen lassen.

4 Vollmilchkuvertüre und Schokoladenglasur grob hacken. Beides in einem Töpfchen über dem heißen Wasserbad schmelzen lassen. Ein Kuchengitter auf Backpapier stellen. Die Hörnchen mit den Enden in die Schokomasse tauchen, auf dem Kuchengitter abtropfen und trocknen lassen. ━━━━━━◆◆

Shortbread

britischer Klassiker

ZUBEREITUNG 30 Min.
BACKEN 25 Min.
PRO STÜCK 100 kcal

ZUTATEN für ca. 40 Stück
250 g Butter | 125 g feiner Zucker
1 Päckchen Vanillezucker | 450 g Mehl
1/2 TL Salz | 1 TL Backpulver
Backpapier für das Backblech
Mehl für die Arbeitsfläche
Zucker zum Bestreuen

1 Den Backofen auf 150° vorheizen. Ein Backblech mit Backpapier belegen. Die Butter mit Zucker und Vanillezucker verrühren. Mehl mit Salz und Backpulver mischen. Die Hälfte der Mehlmischung unter die Butter-Zucker-Mischung rühren. Das restliche Mehl unterkneten.

2 Den Teig auf bemehlter Arbeitsfläche oder zwischen Klarsichtfolie ca. 1,5 cm dick ausrollen (der Teig ist leicht brüchig). Mit einem scharfen Messer in ca. 2 cm breite und 4–6 cm lange Stangen schneiden. Die Oberfläche mit einer dicken Nadel mehrmals einstechen und leicht mit Zucker bestreuen.

3 Die Stangen auf das Blech legen und im Backofen (Mitte, Umluft 130°) 20–25 Min. backen. Die Stangen herausnehmen, abkühlen lassen und vorsichtig vom Blech lösen. ━━━━━━◆◆

Plätzchen-Varianten

Aus dem Teig mit Ausstechformen Plätzchen ausstechen. Die Plätzchen aufs Blech legen und wie im Rezept angegeben backen. Oder den Teig in eine runde oder eckige Kuchenform drücken. Mit der Gabel mehrmals einstechen und im vorgeheizten Backofen bei 125° (Mitte, Umluft 100°) ca. 1 Std. backen. Herausnehmen und noch warm in Rauten schneiden.

im Bild Shortbread

Charlotte mit weißer Kaffeemousse
traumhaft gut

ZUBEREITUNG 45 Min.
KÜHLEN 27 Std.
PRO PORTION 310 kcal

ZUTATEN für 1 Form oder Schüssel (1,5 l Inhalt) – für 12 Personen
500 g Sahne
2 EL ganze Kaffeebohnen (ca. 20 g)
3 Blatt Gelatine
200 g weiße Schokolade
2 Eier | 1 EL Puderzucker
4 cl Kaffeelikör (oder Kirschwasser; nach Belieben)
200 g Löffelbiskuits
einige kandierte Kirschen für die Deko

1 200 g Sahne mit den Kaffeebohnen in eine Schüssel füllen. Zugedeckt 24 Std. in den Kühlschrank stellen.

2 Danach die Kaffeesahne durch ein Sieb in einen Topf gießen und bei mittlerer Hitze erwärmen. Die Gelatine in kaltem Wasser einweichen. 150 g weiße Schokolade in Stücke brechen, unter Rühren zur Sahne geben und darin schmelzen lassen. Die Gelatine leicht ausdrücken und in der Schokoladensahne auflösen.

3 Die Eier mit Puderzucker und Kaffeelikör in einer Schüssel über dem Wasserbad schaumig schlagen. Die Schokosahne unter die Eiermischung rühren. Abkühlen lassen, dabei gelegentlich umrühren. Die restliche Sahne steif schlagen und vorsichtig unterheben.

4 Einen Tortenring von 20 cm Durchmesser auf eine Platte legen. Die Kaffeemousse einfüllen, glatt streichen, mit Klarsichtfolie abdecken und 2–3 Std. in den Kühlschrank stellen. Dann den Tortenring entfernen und die Löffelbiskuits an den Rand drücken. Mit dem Tortenring nochmals umschließen und kalt stellen.

5 Vor dem Büfettaufbau den Tortenring entfernen. Die übrige weiße Schokolade mit einem Sparschäler in Späne hobeln. Die Charlotte mit den Schokospänen und kandierten Kirschen dekorieren.

Schnelle Variante

50 g kandierte Früchte (z. B. Kirschen, Orangen) hacken, mit 1 EL weißem Rum oder Orangensaft verrühren. 4 Blatt Gelatine einweichen. 150 g weiße Crisp-Schokolade in Stücke brechen. Mit 150 ml Milch, 2 Prisen Lebkuchengewürz unter Rühren schmelzen. Gelatine ausdrücken, darin auflösen. Kandierte Früchte unterrühren. Abkühlen lassen. 400 g Sahne steif schlagen. Creme löffelweise unterheben. Tortenring auf eine Platte stellen. Löffelbiskuits an den Rand stellen. Creme einfüllen, kalt stellen.

Silvester-büfett

Prosit Neujahr!

Lassen Sie das alte Jahr in großer Runde festlich ausklingen, und begrüßen Sie das neue Jahr mit prickelndem **Champagner.** Für die Snacks auf dem Festbüfett lassen Sie sich durch die neue **französische Küche** inspirieren: köstliche Kleinigkeiten, mundgerecht auf Löffeln, in Gläschen und Tassen präsentiert. Die schmecken nicht nur fein, sie sind auch **sehr dekorativ!** Keine Sorge, Ihr Geldbeutel wird dabei nicht übermäßig strapaziert! Es sei denn Sie greifen um **Mitternacht** zum Anstoßen zu Jahrgangs-Champagner und servieren Beluga-Kaviar…

Silvesterbüfett für 15 Personen

Edle Zutaten, einfache Rezepte – so wird Ihr Silvesterbüfett ein voller Erfolg.

Kaum jemand hat einen Tisch für 15 Personen, machen Sie aus Ihrer Silvestereinladung deshalb am besten eine elegante Stehparty. Alles, vom Häppchen zum Aperitif über die Süppchen bis zum Dessert, kann aus der Hand oder mit Gabel oder Löffel gegessen werden. Mal steht man bei diesem Grüppchen, mal lässt man sich am Tisch oder auf dem Sofa nieder. Diese Art zu feiern, hat etwas sehr Kommunikatives. Vielleicht haben Sie ja später Lust, Blei zu gießen? Zwischen erster Büfettrunde und Dessert ist dafür genügend Zeit. Die nötigen Utensilien (inklusive einer Liste zur Deutung der gegossenen Objekte) bekommen Sie in Schreibwarengeschäften und vielen Supermärkten.

Für die Planung

◆ **Das gibt es zu essen**
Ziegenkäse-Croûtons
Prosecco-Schaumsüppchen
Möhrencremesuppe
Rucolacremesuppe
Crêpestorte mit Pfifferlingen
Garnelen-Avocado-Salat
Canapés mit Graved Lachs
Jakobsmuscheln auf Kaviarlinsen
Torteletts mit Bündnerfleisch
Gemüse-Torteletts
Torteletts mit Gänselebermousse
Ente auf Artischockenböden
Chicorée-Mandarinen-Salat
Filetschnitzelchen
Silvesterpraline

◆ **Das brauchen Sie zusätzlich**
Eventuell Kartoffeln, saure Sahne und Kaviar

◆ **Das gibt es zu trinken**

Zur Begrüßung
Granatapfel-Cocktail (je Glas 2 cl Martini Dry und 2 cl Granatapfelsirup in ein Cocktailglas geben, mit Sekt oder frisch gepressten Orangensaft auffüllen; mit Sternfruchtscheiben dekorieren).

Zum Büfett
fruchtig-frischen Weißwein (z. B. Entre-deux-mers) und gehaltvollen Rotwein (z. B. Bordeaux) Wasser, Orangensaft

Um Mitternacht
Champagner oder trockenen Sekt

◆ **Kaviar-Kartoffeln als Mitternachtssnack**
Pro Person 1 kleine Kartoffel in 20–25 Min. weich kochen. Abgießen und ausdampfen lassen. Kartoffeln in der Mitte aufbrechen. Je einen Klecks saure Sahne und 1 TL Kaviar daraufgeben.

Zugegeben, die vielen kleinen Häppchen machen eine Menge Arbeit! Aber sie sehen hinreißend aus und schmecken einfach fabelhaft. Vielleicht holen Sie sich Hilfe im kochbegeisterten Bekanntenkreis?

2 Tage vorher

◆ Silvesterpraline backen, kühl stellen

1 Tag vorher

◆ Brühe für das Prosecco-Schaumsüppchen vorbereiten (bis Step 2)
◆ Crêpestorte mit Pfifferlingen zubereiten, kühl stellen
◆ Entenbrust braten, kühl stellen

Am Festtag

◆ Kaviarlinsen zubereiten (bis Step 3), beiseitestellen
◆ Möhrencremesuppe zubereiten
◆ Rucolacremesuppe vorbereiten (bis Step 2)
◆ Filetschnitzelchen braten, beiseitestellen
◆ Füllungen für die Torteletts vorbereiten, kühl stellen
◆ Garnelen-Avocado-Salat zubereiten, in Gläser verteilen
◆ Ziegenkäse-Croûtons vorbereiten (bis Step 2), beiseitestellen
◆ Ente auf Artischockenböden fertigstellen
◆ Chicoree-Mandarinen-Salat zubereiten
◆ Torteletts auf Platten verteilen und füllen
◆ Canapés mit Graved Lachs zubereiten und anrichten
◆ Jakobsmuscheln braten, die Linsen auf Löffel verteilen und die Muscheln daraufsetzen

Wenn die Gäste da sind

◆ Ziegenkäse-Croûtons in den Ofen schieben und überbacken, warm zum Begrüßungscocktail (Rezept Seite 164) servieren
◆ Suppen fertigstellen bzw. erwärmen, in vorgewärmte Tassen verteilen
◆ Später die Büfettreste neu arrangieren und die Silvesterpraline präsentieren

So geht's schneller

Beschränken Sie sich auf eine der drei Suppen und bereiten Sie dafür die dreifache Menge zu. Genauso verfahren Sie mit den gefüllten Torteletts. Die Jakobsmuscheln auf Linsen ersetzen Sie durch gegarte Riesengarnelen (vom Fischhändler): Richten Sie diese um eine Schale mit Sahnemeerrettich (aus dem Glas) auf einer Platte an. Statt der Silvesterpraline bestellen Sie ca. 20 Petits fours (Mini-Törtchen) beim besten Konditor der Stadt.

Dekoration

Winterliches Weiß mit silberfarbenen Dekoelementen verleiht dem Büfett einen festlichen Touch. Silberleuchter, ein Sektkübel und elegante Sektflöten sind stilvolle Accessoires. Falls Sie Bleigießen planen: Sorgen Sie für eine feuerfeste Unterlage, und stellen Sie Teelichter zum Schmelzen des Bleis und eine Schüssel Wasser griffbereit.

Haben Sie an alles gedacht?

Reichen Tassen und Gläschen für die Suppen und Salate? Sind Löffel für die Jakobsmuscheln vorhanden? Ist Sekt oder Champagner für Mitternacht kalt gestellt? Sind genügend Sektgläser für Mitternacht da (sonst rechtzeitig spülen!)? Das Nötige eventuell beim Geschirrverleih ausleihen (rechtzeitig vorbestellen, an Silvester herrscht Hochbetrieb!).

Ziegenkäse-Croûtons

lauwarm am besten

ZUBEREITUNG 20 Min.
ÜBERBACKEN ca. 6 Min.
PRO PORTION 100 kcal

ZUTATEN für 15 Personen
30 g weiche Butter
1 EL helles Mandelmus (aus dem Glas)
5 große Scheiben Sandwichtoastbrot
200 g Ziegenkäserolle (Weichkäse)
ca. 3 EL Mandelstifte
3 EL flüssiger Honig
Pfeffer
Backpapier für das Backblech
runder Ausstecher (4 cm Ø)

1 Den Backofen auf 200° vorheizen. Ein Backblech mit Backpapier belegen. Die Butter mit dem Mandelmus verrühren. Aus den Sandwichtoastscheiben 20 Kreise ausstechen und diese dünn mit der Mandelmusbutter bestreichen. Die Brotkreise mit etwas Abstand auf dem Backblech verteilen.

2 Die Ziegenkäserolle mit einem scharfen Messer in 20 Scheiben schneiden und die Käsescheiben auf die Brotkreise legen. Mit den Mandelstiften bestreuen. Den Honig in einem Pfännchen erwärmen und mit einem Teelöffel jeweils ein wenig davon in feinen Linien über die Mandeln träufeln.

3 Sobald die ersten Gäste eingetroffen sind, die Ziegenkäse-Croûtons im Backofen (oben, Umluft 180°) in ca. 6 Min. überbacken, bis der Käse zu schmelzen beginnt.

4 Die Croûtons aus dem Backofen nehmen und leicht pfeffern. Auf eine Servierplatte geben und warm zum Begrüßungscocktail von Seite 164 reichen.

Servier-Tipp

Wenn Sie wissen, dass viele Ihrer Gäste später eintreffen werden, verteilen Sie die Croûtons eventuell auf zwei Bleche. Backen Sie einen Teil erst später auf, um sie den Nachzüglern ebenfalls warm und knusprig zum Aperitif servieren zu können.

Croûton-Varianten

Belegen Sie beispielsweise gebutterte Brotkreise mit feinen Birnenspalten (diese mit etwas Zitronensaft beträufeln, damit sie nicht braun werden!) und überbacken Sie das Brot mit Camembertscheiben. Oder bestreichen Sie das Brot mit Mangobutter (Rezepte Seite 65). Legen Sie in Scheiben geschnittene frische Feigen darauf und überbacken Sie die Croûtons mit Gorgonzola.

Variante – Häppchen mit Ziegenfrischkäse

Sie haben mit den warmen Süppchen genug zu tun und würden den warmen Croûtons kalte Appetithäppchen vorziehen? Kein Problem, hier einige Anregungen: Für 20 Häppchen verrühren Sie 200 g Ziegenfrischkäse mit 1/2 TL getrocknetem Thymian und reichlich Pfeffer aus der Mühle. Schneiden Sie 6 eingelegte getrocknete Tomaten (aus dem Glas, abgetropft) und 10 schwarze Oliven in feine Würfelchen und rühren Sie beides unter. 20 Baguettescheiben damit besteichen und mit gerösteten Pinienkernen bestreuen.

Variante – Häppchen mit Tapenade

Für 20 Appetithäppchen 2 Rollen Ziegenweichkäse und 8–10 große Cocktailtomaten in 40 bzw. 20 Scheiben schneiden (Tomaten auf Küchenpapier abtropfen lassen, damit sie das Brot nicht aufweichen!). Bestreichen Sie 20 Baguettescheiben dünn mit Tapenade (schwarze Olivenpaste aus dem Glas). Belegen Sie die bestrichenen Baguettescheiben mit je 2 Käsescheiben und dazwischen 1 Tomatenscheibe. Bestreuen Sie die Häppchen mit etwas getrocknetem Oregano.

Gut zu wissen

Croûtons sind die französischen Pendants zu italienischen Crostini. Entsprechend vielfältig sind die Möglichkeiten (siehe Varianten oben), sie zu belegen und frisch aus dem Ofen zum Aperitif zu reichen. Wenn keine Zeit mehr fürs Zubereiten von Croûtons oder Häppchen bleibt, dann servieren Sie einfach Oliven und Nüsse als Knabberei zum Aperitif.

1 Für die Brühe die Zwiebeln schälen. Das Suppengrün waschen und putzen. Zwiebeln und Gemüse grob würfeln. Die Tomaten waschen und in Stücke schneiden, dabei die Stielansätze entfernen.

2 Das Öl in einem Topf erhitzen, Zwiebeln, Suppengrün und Tomaten dazugeben und kurz andünsten. 1/2 l Wasser angießen, mit Lorbeerblatt, Nelken, Pfefferkörnern, Salz und Worcestersauce würzen und aufkochen lassen. 1 l Wasser dazugießen und 30 Min. köcheln lassen. Die Brühe durch ein Sieb passieren, dabei die Brühe auffangen und das Gemüse wegwerfen.

3 1 Liter der Brühe mit 200 g Sahne und 300 ml Prosecco aufkochen und 5 Min. köcheln lassen. Restliche Sahne steif schlagen. 2 Eigelbe unterrühren, Eigelbsahne salzen, pfeffern und bis zum Servieren kalt stellen. Die Toastbrotscheiben in kleine Würfel schneiden. Olivenöl in einer Pfanne erhitzen, die Brotwürfel darin rundherum goldbraun rösten. Herausnehmen und abkühlen lassen.

4 Die Suppe vor dem Servieren erhitzen und den restlichen Prosecco unterrühren. Die Suppe in Tassen füllen. Jeweils 1 Klecks Eigelbsahne und einige Brotwürfelchen daraufgeben.

Austausch-Tipp

Die Suppe ist ganz schnell zubereitet, wenn Sie Gemüsefond aus dem Glas nehmen.

Prosecco-Schaumsüppchen

Genuss pur

ZUBEREITUNG 55 Min.
PRO PORTION 155 kcal

ZUTATEN für 15 Personen
2 Zwiebeln
2 Bund Suppengrün
2 Tomaten | 2 EL Öl
1 Lorbeerblatt | 2 Nelken
1 TL Pfefferkörner | Salz
1 TL Worcestersauce | 400 g Sahne
400 ml Prosecco | 2 frische Eigelbe
Pfeffer | 4 Scheiben Toastbrot
2 EL Olivenöl

Deko-Variante

Eigelbsahne in einen Spritzbeutel mit gezackter Tülle füllen, kleine Rosetten auf eine Platte spritzen und bis zum Gebrauch einfrieren. 1 Platte fertig ausgerollten Blätterteig (Kühltheke) mit Eigelb bestreichen und kleine Monde, Kleeblätter, Sterne oder andere Silvestermotive ausstechen. Im Ofen (Mitte) bei 200° (Umluft 180°) etwa 10 Min. backen. Abkühlen lassen. Die Suppe in Tassen gießen, je 1 Sahnerosette und etwas Lachskaviar daraufgeben. Mit dem Blätterteiggebäck servieren.

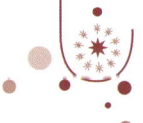

Möhrencremesuppe

fein-cremig

ZUBEREITUNG 50 Min.
PRO PORTION 95 kcal

ZUTATEN für 15 Personen
1 kg Möhren | 3 Schalotten
1 Stück frischer Ingwer (ca. 2 cm)
50 g Butter | 1 TL Puderzucker
1 1/2 l Gemüsebrühe
Salz | Zitronenpfeffer
1 TL Currypulver | 150 g Crème double
3 Möhren für die Deko

1 Die Möhren waschen, putzen, schälen und in kleine Würfel schneiden. Schalotten und Ingwer schälen, beides in Scheiben schneiden. Die Butter erhitzen, Schalotten, Ingwer und Karottenwürfel dazugeben und kurz andünsten. Den Puderzucker unterrühren. Die Brühe dazugießen und ca. 25 Min. köcheln lassen.

2 Die Suppe mit dem Pürierstab fein pürieren. Mit Salz, Zitronenpfeffer und Currypulver würzen.

3 Für die Deko die übrigen Möhren waschen, putzen, schälen und in dünne Scheiben oder in kleine Würfel schneiden. In kochendem Salzwasser 2 Min. blanchieren. Herausnehmen und kalt abschrecken.

4 Zum Servieren die Suppe erwärmen und die Crème double unterrühren. Die Suppe mit dem Pürierstab kurz aufmixen und in vorgewärmte Tassen gießen. Mit den Möhren dekorieren.

Deko-Tipp

Die Möhren in Scheiben schneiden, in kochendem Salzwasser 2 Min. blanchieren. Mit einer Mini-Ausstechform Sterne ausstechen und die Suppe damit dekorieren.

Rucolacremesuppe

gelingt leicht

ZUBEREITUNG 45 Min.
PRO PORTION 100 kcal

ZUTATEN für 15 Personen
750 g mehligkochende Kartoffeln
1 Stange Lauch | 2 EL Öl
1 1/2 l Gemüsebrühe
Salz | 2 Bund Rucola
200 g Crème fraîche
Pfeffer
frisch geriebene Muskatnuss

1 Die Kartoffeln waschen, schälen und in grobe Würfel schneiden. Den Lauch putzen, gründlich waschen und in Ringe schneiden.

2 Das Öl in einem Topf erhitzen, Kartoffeln und Lauch dazugeben und kurz andünsten. Die Brühe dazugießen und ca. 20 Min. köcheln lassen, bis die Kartoffeln weich sind. Den Topf vom Herd nehmen und die Suppe leicht abkühlen lassen, dann mit dem Pürierstab pürieren.

3 Inzwischen Wasser mit Salz in einen Topf geben und aufkochen lassen. Den Rucola waschen und trocken schütteln, die harten Stiele entfernen und die Blätter kurz im kochenden Wasser blanchieren. Den Rucola mit dem Schaumlöffel herausnehmen und in einem Sieb abtropfen lassen. Dann mit der Crème fraîche in den Mixer geben und pürieren.

4 Vor dem Servieren die Suppe erwärmen und die Rucolacreme unterrühren. Die Suppe mit Salz, Pfeffer und Muskat würzen.

Deko-Tipp

Für ein Milchschaum-Topping 200 ml Milch erwärmen und mit dem Pürierstab aufschäumen. Die Suppe in Tassen füllen und den Milchschaum mit einem Esslöffel darauf verteilen.

im Bild links Rucolacremesuppe
im Bild rechts Möhrencremesuppe

Crêpestorte mit Pfifferlingen

ungewöhnlich

ZUBEREITUNG 1 Std. 25 Min.
PRO PORTION 110 kcal

ZUTATEN für 15 Personen
Für die Crêpes:
30 g Butter | 125 g Mehl | 150 ml Milch
150 ml kohlensäurehaltiges Mineralwasser
3 Eier | Salz | Öl zum Ausbacken
Für die Füllung:
350 g frische Pfifferlinge | 3 Schalotten
2 EL neutrales Öl | Salz | Pfeffer
frisch geriebene Muskatnuss
2 EL Hagebuttenmus (aus dem Reformhaus)
1 TL Worcestersauce | 200 ml trockener Weißwein
2 EL Speisestärke | 2 Blatt Gelatine
100 ml Gemüsefond (aus dem Glas)
2 cl Sherry (nach Belieben)

1 Für den Crêpesteig die Butter schmelzen lassen. Das Mehl mit Milch und Mineralwasser glatt rühren. Die Eier, die Butter und 1/2 TL Salz unterrühren. Den Teig 25 Min. quellen lassen.

2 Inzwischen für die Füllung die Pfifferlinge putzen, mit Küchenpapier abreiben und fein hacken. Die Schalotten schälen und klein würfeln. Das Öl in einer Pfanne erhitzen, Pfifferlinge und Schalotten dazugeben und unter Rühren andünsten, bis die Flüssigkeit verdampft ist. Die Pilze mit Salz, Pfeffer und Muskat würzen und beiseitestellen.

3 Das Hagebuttenmus mit der Worcestersauce und dem Weißwein in einen Topf geben, aufkochen und 5 Min. köcheln lassen. Die Speisestärke mit etwas kaltem Wasser anrühren und unter Rühren in die kochende Flüssigkeit geben. Die Pfifferlinge dazugeben, unterrühren und abkühlen lassen.

4 Den Crêpesteig umrühren und aus dem Teig nacheinander 10 Crêpes backen. Dafür jeweils etwas Öl in einer beschichteten Pfanne (20 cm Ø) erhitzen, ein Zehntel von dem Teig dazugeben und auf beiden Seiten ca. 2 Min. backen. Die Crêpes übereinanderlegen und mit Alufolie abdecken.

5 Die Crêpes jeweils mit der Pfifferlingsmasse bestreichen und wie eine Torte übereinanderschichten. Mit einem unbestrichenen Crêpes abschließen.

6 Die Gelatine einweichen. Den Fond mit Sherry erwärmen, die Gelatine darin auflösen und kalt werden lassen. Die Torte damit glasieren und bis zum Büfettaufbau in den Kühlschrank stellen. ———————

UND DAZU

Kräuter-Nuss-Creme

1 Bund Petersilie und 3 Stängel Oregano waschen und trocken schütteln, die Blätter fein hacken. In einer Pfanne 30 g Pinienkerne ohne Fett goldbraun rösten und fein hacken. 400 g Crème fraîche mit 2 EL Mineralwasser im Mixer aufmixen. Kräuter, Pinienkerne und 2 cl Grappa dazugeben und untermixen. Die Creme mit Salz und Pfeffer würzen.

Canapés mit Graved Lachs

elegant

ZUBEREITUNG 15 Min.
PRO PORTION 120 kcal

ZUTATEN für 15 Personen
1 EL getrocknete Cranberrys | 1 TL Dijon-Senf
Salz | 60 g weiche Butter | 1 Baguette
ca. 300 g Graved Lachs | Dill für die Deko

1 Die Cranberrys sehr fein hacken. Mit dem Senf und 1 Prise Salz unter die weiche Butter rühren. Bis zum Bestreichen in den Kühlschrank stellen.

2 Das Baguette in 15 Scheiben schneiden (am besten mit der Brotmaschine, den Rest anderweitig verwenden) und mit der Cranberrybutter bestreichen. Die Lachsscheiben zu dekorativen Röschen drehen und daraufsetzen. Mit Dillspitzen dekorieren.

Asiatische Variante

Für einen asiatischen Touch den Graved Lachs fein hacken. 1 große rote Chilischote längs aufschneiden, entkernen, waschen und fein würfeln. 1 Stück frischen Ingwer (ca. 2 cm) schälen und fein reiben. 1 Bund Koriandergrün waschen und trocken schütteln, einige Blätter für die Deko beiseitelegen, den Rest fein schneiden. 1 Bio-Limette heiß waschen, abtrocknen und die Schale abreiben. Lachs, Chili, Ingwer, Koriandergrün und Limettenschale mischen. Die Baguettescheiben dünn mit normaler Butter bestreichen, das Lachstatar darauf häufen und mit Korianderblättchen garnieren.

Garnelen-Avocado-Salat

im Glas serviert

ZUBEREITUNG 30 Min.
PRO PORTION 100 kcal

ZUTATEN für 15 Personen
4 reife Tomaten
2 reife Avocados
4 EL frisch gepresster Zitronensaft
Salz | Pfeffer | 4 EL Öl
500 g gegarte Garnelen (aus der Kühltheke)
3–4 EL fein geschnittene Frühlingszwiebelringe
(nach Belieben)

1 Die Tomaten kreuzförmig einritzen und die Stielansätze herausschneiden. Anschließend mit kochendem Wasser überbrühen, kalt abschrecken und häuten. Die Tomaten quer halbieren, die Kerne entfernen und das Fruchtfleisch fein würfeln.

2 Die Avocados schälen, das Fruchtfleisch vom Stein schneiden und in kleine Würfel schneiden. Sofort mit 2 EL Zitronensaft vermischen, damit die Avocadowürfel nicht braun werden.

3 Den übrigen Zitronensaft mit je 1 kräftigen Prise Salz und Pfeffer verrühren und das Öl unterschlagen. Die Tomaten- und Avocadowürfel und die Garnelen untermischen. Bis zum Büfettaufbau zugedeckt kalt stellen.

4 Den Salat kurz vor dem Servieren noch einmal mischen und in 15 Gläschen oder Schälchen füllen. Den Salat nach Belieben mit Mandelcreme (s. u.) oder mit etwas Frühlingszwiebelringen dekorieren.

Feines Mandelcreme-Topping

Dafür kurz vor dem Servieren 3 sehr frische Eigelbe mit 4 EL Weißwein mit dem Handrührgerät weißschaumig aufschlagen. Erst 4 EL Walnussöl, dann 1 EL helles Mandelmus (aus dem Glas) unterrühren und 2–3 Min. weiterschlagen. 2 EL geschlagene Sahne unterziehen und mit Salz und Cayennepfeffer würzen. Die Mandelcreme mit einem Teelöffel auf dem Salat in den Gläschen verteilen.

Jakobsmuscheln auf Kaviarlinsen

luxuriöser Löffelsnack

ZUBEREITUNG 30 Min.
PRO PORTION 70 kcal

ZUTATEN für 15 Personen
150 g schwarze Linsen
1 Schalotte | 1 EL Öl
400 ml Gemüsefond (aus dem Glas)
Salz | 1 Tomate
1 Frühlingszwiebel
1–2 EL Aceto balsamico | Pfeffer
1 EL Haselnussöl
8 ausgelöste Jakobsmuscheln
2 EL Butter

1 Die Linsen in einem Sieb waschen und abtropfen lassen. Die Schalotte schälen und sehr fein hacken. Das Öl in einem Topf erhitzen. Linsen und Schalotte dazugeben und 1 Min. anrösten. Mit dem Fond ablöschen, salzen und bei schwacher Hitze ca. 20 Min. köcheln lassen, dabei gelegentlich umrühren.

2 Inzwischen die Tomate kreuzförmig einritzen und den Stielansatz herausschneiden. Mit kochendem Wasser überbrühen, kalt abschrecken und häuten. Die Tomate quer halbieren, die Kerne entfernen und das Fruchtfleisch fein würfeln. Die Frühlingszwiebel putzen, waschen und bis zum hellgrünen Teil sehr fein schneiden.

3 Sobald die Linsen weich sind, aber noch Biss haben, vom Herd nehmen und lauwarm abkühlen lassen. Mit Essig und Pfeffer abschmecken. Tomate, Frühlingszwiebel und Nussöl untermischen. 15 Snacklöffel auf eine Etagere oder Platte geben und jeweils 1 EL Linsen daraufgeben.

4 Die Jakobsmuscheln kalt abwaschen, trocken tupfen und quer halbieren. Kurz vor dem Servieren die Butter in einer Pfanne aufschäumen. Die Muscheln darin bei mittlerer Hitze von jeder Seite 1 knappe Min. braten, salzen, pfeffern und auf die Linsen setzen. Sofort zum Büfett tragen.

Gut zu wissen

Kaviar- oder Belugalinsen sind klein und schwarz (deshalb erinnern sie an Kaviar). Sie bekommen diese Linsen im Feinkost- oder Bioladen. Sie sind sehr aromatisch und müssen nicht eingeweicht werden.

Torteletts mit Bündner Fleisch

würzig gefüllt ◆ *macht was her*

ZUBEREITUNG 20 Min.
PRO STÜCK 110 kcal

ZUTATEN für 15 Stück
1 Schalotte
2 Essiggürkchen (Cornichons)
2 Stängel Petersilie
2 TL Kapern
1/2 TL mittelscharfer Senf
1 TL Kräuteressig
1 EL Olivenöl | Pfeffer
50 g Feldsalat
15 Mini-Torteletts (Fertigprodukt)
15 Scheiben Bündner Fleisch
   (oder Lachsschinken; 150 g)
30 g Parmesan

1 Die Schalotte schälen. Schalotte und Essiggürkchen in winzige Würfel schneiden. Die Petersilie waschen und trocken schütteln, die Blätter fein hacken. Die Kapern grob hacken. Den Senf mit Essig und Öl verrühren, mit Schalotte, Gürkchen, Petersilie und Kapern vermischen. Mit Pfeffer würzen.

2 Den Feldsalat putzen, waschen, trocken schleudern und in die Torteletts geben. Etwas Füllung auf die Bündner-Fleisch-Scheiben geben, die Scheiben aufrollen und auf den Salat setzen. Den Parmesan mit dem Sparschäler in feine Späne hobeln und darüberstreuen. ——◆◆

VARIANTEN FÜR FÜLLUNGEN

Torteletts mit Gänselebermousse

Für 15 Stück 125 g Gänseleberpastete (aus der Dose) oder Kalbsleberwurst in einer Schüssel mit 2 cl Whisky oder Weinbrand verrühren. 100 g Sahne steif schlagen, nach und nach die Gänselebercreme unter die Sahne rühren. Vor dem Büfettaufbau 1 Bund Basilikum waschen und mit Küchenpapier trocken tupfen. Je 1 Basilikumblatt in 15 Mini-Torteletts (Fertigprodukt) legen. Die Mousse in einen Spritzbeutel mit gezackter Tülle füllen und in die Torteletts spritzen.

Torteletts mit Gemüsefüllung

Für 15 Stück 2 Möhren und 1 Petersilienwurzel waschen und schälen, 1 Zucchino waschen und putzen. Das Gemüse erst in Scheiben, dann in feine Stifte schneiden. 1 Fenchelknolle waschen, halbieren und den Strunk herausschneiden. Die Hälften fein würfeln. 2 EL Olivenöl erwärmen, das Gemüse darin bei mittlerer Hitze 2 Min. andünsten. 1 EL Olivenöl und 1 EL Weißweinessig untermischen, mit Salz und Pfeffer würzen. Zugedeckt bis zum Gebrauch kalt stellen. Vor dem Büfettaufbau 1 kleines Bund Petersilie waschen und trocken schütteln, die Blätter fein hacken. 1 Bio-Limette heiß waschen, abtrocknen und 1 TL Schale abreiben. Mit 100 g Crème fraîche und Petersilie mischen, mit Salz und Pfeffer würzen. Das Gemüse in 15 Mini-Torteletts (Fertigprodukt) füllen, etwas Limettencreme obendrauf geben.

Torteletts – selbst gemacht

Sie können die pikanten Mürbeteig-Torteletts auch selbst einige Tage vorher backen und in einer gut schließenden Dose aufbewahren: Für 15 Stück 200 g Mehl mit 1/2 TL Salz, 100 g Butter, 1 Eigelb und 3–4 EL eiskaltem Wasser zu einem glatten Mürbeteig verkneten. Den Teig 30 Min. kalt stellen. 15 Förmchen (5–6 cm Ø) einfetten. Den Mürbeteig ausrollen, über die Förmchen legen, an den Kanten abschneiden und leicht in die Förmchen drücken. Mit einer Gabel mehrfach in den Teig stechen. Die Torteletts im vorgeheizten Backofen (Mitte) bei 180° (Umluft 160°) 10–12 Min. backen. Herausnehmen und abkühlen lassen.

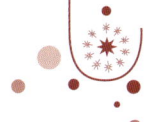

im Bild links Tortletts mit Bündner Fleisch
im Bild Mitte Tortletts mit Gänselebermousse
im Bild rechts Tortletts mit Gemüsefüllung

1 Den Backofen auf 80° vorheizen. Die Entenbrüste mit Küchenpapier trocken tupfen und die Haut mit einem scharfen Messer kreuzförmig einritzen. 1 EL Öl mit Honig, Salz und Pfeffer verrühren. Die Entenbrüste damit einreiben.

2 Übriges Öl und die Entenbrüste mit der Hautseite nach unten in die Pfanne geben, erwärmen und bei mittlerer Hitze 6–8 Min. braten, bis die Haut goldbraun ist. Das Fleisch wenden und auf der anderen Seite im Backofen (Mitte) in 15–20 Min. gar ziehen lassen. Herausnehmen und abkühlen lassen.

3 Die Haut von den Entenbrüsten entfernen. 1 EL Johannisbeergelee mit Sambal oelek glatt rühren. Die Entenbrüste damit bestreichen. In Klarsichtfolie wickeln und bis zum Gebrauch kalt stellen.

4 Das restliche Johannisbeergelee mit Sternanis und Geflügelfond in einen Topf geben und unter Rühren aufkochen lassen. Den Sternanis entfernen. Die Gelatine in kaltem Wasser einweichen, dann im warmen Johannisbeersud auflösen. Nach Belieben den Portwein unterrühren. Die Johannisbeersauce kalt stellen.

5 Die Artischockenböden abtropfen lassen und auf eine Platte legen. Die Entenbrüste in Scheiben schneiden. Je 2 Scheiben auf die Artischockenböden legen. Mit den Früchten dekorieren. Kurz vor dem Gelieren der Johannisbeersauce Fleisch und Früchte damit glasieren. Bis zum Büfettaufbau kalt stellen.

Ente auf Artischockenböden

edles Fingerfood

ZUBEREITUNG 40 Min.
GAREN 20 Min.
PRO PORTION 110 kcal

ZUTATEN für 15 Personen
2 Entenbrüste (je ca. 275 g)
3 EL Öl | 1 TL Honig | Salz | Pfeffer
2 EL Johannisbeergelee | 1 Msp. Sambal oelek
1 Sternanis | 75 ml Geflügelfond (aus dem Glas)
2 Blatt Gelatine | 2 cl Portwein (nach Belieben)
15 Artischockenböden (aus der Dose oder Glas)
kandierte Kiwischeiben, einige Kumquats
    und Physalis für die Deko

Blitz-Variante

Nehmen Sie statt der frischen Entenbrust geräucherte Entenbrust- oder Gänsebrustscheiben. Rühren Sie 2 EL Johannisbeergelee mit 1 Msp. Sambal oelek glatt. Die Scheiben damit bestreichen und aufrollen. Legen Sie jeweils 2 Röllchen auf die Artischockenböden und stellen Sie sie bis zum Büfettaufbau in den Kühlschrank. Oder stecken Sie die Röllchen erst mit den kandierten Früchten auf kleine Holzspießchen.

Chicorée-Mandarinen-Salat

fruchtig mit Biss

ZUBEREITUNG 20 Min.
PRO PORTION 90 kcal

ZUTATEN für 15 Personen
100 g Mandelstifte
1 kg Chicorée
1 Dose Mandarin-Orangen (350 g Abtropfgewicht)
2 TL rosa Pfefferkörner
6 EL Himbeeressig
Salz | 1 TL Dijon-Senf
4 EL Walnussöl
200 g Himbeeren (nach Belieben)

1 Die Mandelstifte in einer Pfanne ohne Fett bei schwacher Hitze goldbraun rösten. Herausnehmen und abkühlen lassen.

2 Den Chicorée eventuell von unschönen Blättern befreien, halbieren, die Strünke wegschneiden und die Hälften in ca. 2 cm breite Streifen schneiden. In einem Sieb kalt waschen und abtropfen lassen.

3 Die Mandarin-Orangen in ein Sieb abgießen, dabei den Saft auffangen und 6 EL davon für das Dressing abnehmen. Die rosa Pfefferkörner im Mörser grob zerstoßen. Mit dem aufgefangenen Saft, Himbeeressig, 1/2 TL Salz, Senf und Öl in ein Schraubglas geben und kräftig schütteln oder in einem Schälchen gut verrühren.

4 Chicorée und Mandarin-Orangen in einer Schüssel mischen. Kurz vor dem Büfettaufbau die Mandelstifte und das Dressing dazugeben und vorsichtig untermischen. Nach Belieben die Himbeeren verlesen und den Salat damit dekorieren. ————◆◆

Filetschnitzelchen mit Kruste

schmecken warm und kalt

ZUBEREITUNG 50 Min.
PRO PORTION 145 kcal

ZUTATEN für 15 Personen
800 g Schweinefilet
4 EL Kürbiskerne
8 EL frisch geriebener Parmesan
8 EL Semmelbrösel
2 Eier | 6 EL Mehl
Salz | Pfeffer
Öl zum Braten
Zitronenschnitze für die Deko

1 Das Fleisch von Häutchen und Sehnen befreien und in gut 1/2 cm dicke Scheiben schneiden. Die Filetscheiben mit dem Handballen flach drücken.

2 Zum Panieren die Kürbiskerne grob hacken und in einem tiefen Teller mit dem Parmesan und den Semmelbröseln mischen. In einem weiteren Teller die Eier mit 1 EL kaltem Wasser verrühren. Das Mehl auf einen dritten Teller geben.

3 Die Filetschnitzelchen mit Salz und Pfeffer würzen. Nacheinander erst in Mehl wenden und das überschüssige Mehl abklopfen, dann durch das Ei ziehen und schließlich in der Bröselmischung wenden. Die Panade leicht andrücken.

4 Jeweils reichlich Öl in einer (oder gleich zwei) großen Pfanne(n) erhitzen und die Schnitzelchen darin von jeder Seite in 2 Min. goldbraun braten. Auf Küchenpapier kurz abtropfen lassen. Auf einer großen Platte mit Zitronenschnitzen anrichten. ————◆◆

Austausch-Tipps

Statt der Kürbiskerne können Sie auch Haselnussblättchen verwenden. Oder Sie zerstoßen 3 EL rosa Pfefferkörner im Mörser und mischen ihn unter Semmelbrösel und Parmesan. Den rosa Pfeffer im Chicorée-Madarinen-Salat dann weglassen.

Silvesterpraline

süße Sünde

ZUBEREITUNG 50 Min.
BACKEN 50 Min.
RUHEN 1 Std.
TROCKNEN 12 Std.
PRO STÜCK 650 kcal

ZUTATEN für 1 Kuchenform (24 x 24 cm, 15 Stück)
Für den Teig:
150 g Zartbitterschokolade
6 Eier | 50 g Zucker
200 g weiche Butter
150 g Puderzucker
150 g Mehl | 1/2 TL Backpulver
Backpapier und Butter für die Form
Für die Füllung:
200 g Sahne
200 g Zartbitterschokolade
200 g Marzipanrohmasse
150 g Puderzucker
3 EL Orangenlikör (oder Rum; nach Belieben)
300 g Aprikosenkonfitüre
100 g Zucker
200 g Zartbitter-Kuvertüre

1 Den Backofen auf 180° vorheizen. Den Boden der Backform mit Backpapier belegen. Den Rand einfetten. Die Schokolade grob hacken und in einer Schüssel über dem Wasserbad schmelzen lassen.

2 Eier trennen. Eiweiße steif schlagen und den Zucker unterrühren. Die weiche Butter mit Puderzucker und Eigelben cremig rühren. Geschmolzene Schokolade unterrühren. Den Eischnee unterheben. Mehl mit Backpulver mischen, darübersieben und locker unter den Teig heben.

3 Den Teig in die Form füllen. Im Backofen (Mitte, Umluft 160°) 45–50 Min. backen. Herausnehmen und kurz abkühlen lassen. Dann aus der Form lösen und das Backpapier abziehen.

4 Für die Füllung die Sahne erwärmen. Die Schokolade in Stücke brechen und unter Rühren in der Sahne schmelzen lassen. Die Schokosahne mindestens 1 Std. kalt stellen. Marzipanrohmasse mit Puderzucker ver-

kneten. Die Masse teilen und jeweils zwischen Klarsichtfolie zu zwei Quadraten von 24 x 24 cm ausrollen.

5 Den Kuchen zweimal quer durchschneiden. Die Böden eventuell mit Orangenlikör beträufeln. Die Schokosahne mit dem Schneebesen kurz durchrühren. Die Aprikosenkonfitüre erwärmen und durch ein Sieb streichen.

6 Einen Teigboden mit einem Drittel der Aprikosenkonfitüre und der Hälfte der Schokocreme bestreichen. Den zweiten Boden obendrauf legen, mit dem zweiten Drittel Aprikosenkonfitüre bestreichen. 1 Marzipanquadrat daraufflegen und mit Schokocreme bestreichen. Den dritten Boden auf die Creme setzen, mit der restlichen Konfitüre bestreichen und mit der zweiten Marzipanplatte abdecken.

7 125 ml Wasser mit dem Zucker in einem kleinen Topf unter Rühren in 5 Min. sirupartig einkochen lassen, dann etwas abkühlen lassen. Die Kuvertüre grob hacken, mit dem Zuckersirup zu einer glatten Masse verrühren. Den Kuchen damit überziehen und die Glasur über Nacht trocknen lassen.

Deko-Tipps

Für eine Puderzuckerglasur 1 frisches Eiweiß halbsteif schlagen, 250 g Puderzucker unter Rühren nach und nach einrieseln lassen. Die Glasur in einen Spritzbeutel mit winziger Öffnung füllen. »PROSIT NEUJAHR« oder die Konturen von 2 Sektgläsern aufspritzen. Mit Zuckerperlen (als Sektperlen) bestreuen. Oder aus gefärbter Marzipanrohmasse Glücksymbole oder die Buchstaben für »HAPPY NEW YEAR« ausstechen und die Silvesterpraline damit verzieren.

Große Feste, viele Gäste

Sie haben Lust zu tanzen

und die Nacht zum Tag zu machen? Familie, Freunde und liebe Kollegen – alle sollen dabei sein! Im Sommer feiern Sie einfach ein rauschendes **Gartenfest.** In der kühleren Jahreszeit mieten Sie sich einen Raum. Fantasievoll geschmückt wird daraus eine fabelhafte Partylocation. Dazu brauchen Sie **Musik,** denn die bringt Ihr Fest in Schwung! Und wie immer darf was Leckeres zu essen nicht fehlen: Fürs **Büfett** finden Sie auf den nächsten Seiten weitere Vorschläge mit Rezepten aus diesem Buch, hier für 15–30 Gäste.

Fingerfood-Büfett

für 15 Personen

Hier finden Sie tolle Häppchen für Ihre Stehparty. Die Zahl in Klammern steht jeweils für die Seite, auf der das Rezept steht (und x 2 oder x 3 bedeutet, dass Sie die doppelte oder dreifache Rezeptmenge benötigen).

Das gibt es zu essen

Wassermelonen-Tomaten-Gazpacho (82, x 2)
Canapés mit Graved Lachs (172, x 2)
Sandwiches mit Thunfischcreme (157, x 2)
Schinken-Mango-Häppchen (65, x 2)
Ente auf Artischockenböden (176)
Gefüllte Kirschtomaten (81, x 2)
Rohkostplatte (siehe unten)
Tomaten-Honig-Dip (99)
Joghurt-Minz-Dip (99)
Manchego mit Kirschchutney (89, x 2)
Aprikosen-Ricotta-Creme (89, x 2)

Das brauchen Sie zusätzlich

Für 1 Rohkostplatte:
2 Bund junge Möhren
3 Salatgurken
1 Staudensellerie
je 6 rote und gelbe Paprikaschoten

Das gibt es zu trinken

Als Aperitif Prosecco
Rotwein (z. B. Zweigelt)
Weißwein (z. B. Grüner Veltliner)
Wasser, Säfte

2 Tage vorher

Tomaten-Honig-Dip zubereiten, kühl stellen
Kirschchutney zubereiten, kühl stellen

1 Tag vorher

◆ Wassermelonen-Tomaten-Gazpacho zubereiten, kühl stellen
◆ Entenbrust braten, kühl stellen
◆ Aprikosen-Ricotta-Creme zubereiten, kühl stellen

Am Festtag

◆ Joghurt-Minz-Dip zubereiten, kühl stellen
◆ Gefüllte Kirschtomaten zubereiten
◆ Ente auf Artischockenböden zubereiten
◆ Canapés mit Graved Lachs zubereiten
◆ Sandwiches mit Thunfischcreme zubereiten
◆ Schinken-Mango-Häppchen zubereiten
◆ Für die Rohkostplatte Möhren, Gurken, Staudensellerie und Paprikaschoten putzen, waschen und in Stifte oder Streifen schneiden. Mit den beiden Dips auf einer Platte anrichten.
◆ Manchego aufschneiden, mit dem Kirschchutney anrichten
◆ Wassermelonen-Tomaten-Gazpacho in 15 Gläschen füllen und garnieren

Haben Sie an alles gedacht?

Sind Gläschen für die Suppe vorhanden? Gibt es genügend Platten? Sonst kaufen Sie wiederverwendbare Aluplatten (Großmarkt) und belegen Sie diese mit Servietten oder Tortenspitze.

Kaltes Büfett

für 20 Personen

Hier ein edles Büfett, das gut in die wärmere Jahreszeit passt. Die Zubereitung ist nicht schwierig, braucht aber Zeit – holen Sie sich am besten küchenkundige Hilfe!

Das gibt es zu essen

Lachstürmchen zum Aperitif (65, Variante, x 2)
Kräuter-Frittata (33, x 2)
Vitello tonnato (71, Reste-Tipp; aus 2,4 kg Kalbfleisch
   + vierfache Menge Thunfischsauce)
Brunnenkresse-Rucola-Salat (35, x 2)
Fenchel mit Parmesan (86, Variante, x 2)
Orangensalat mit Oliven (87, x 2)
Kartoffel-Artischocken-Salat (103, x 2)
Auberginensalat (111, Variante, x 2)
Käseplatte mit Früchten und Feigensenf
   (11, 1,2 kg Käse)
Erdbeer-Baiser-Creme (38, x 2)
Maracuja-Granité (56, x 2)

Das brauchen Sie zusätzlich

2 kg Baguette oder Ciabatta

Das gibt es zu trinken

Als Aperitif Spritz oder Bellini (22)
Weißwein (z. B. Verdicchio)
Rotwein (z. B. Bardolino)
Wasser

1 Tag vorher

◆ Kräuter-Frittata zubereiten, kühl stellen
◆ Kalbfleisch zubereiten, kühl stellen
◆ Orangensalat mit Oliven zubereiten, kühl stellen
◆ Erdbeer-Baiser-Creme zubereiten, kühl stellen
◆ Maracuja-Granité vorbereiten

Am Festtag

◆ Fenchel mit Parmesan zubereiten, beiseitestellen
◆ Kartoffel-Artischocken-Salat zubereiten,
   kühl stellen
◆ Auberginensalat zubereiten, kühl stellen
◆ Brunnenkresse-Rucola-Salat vorbereiten (bis Step 3)
◆ Vitello tonnato zubereiten, kühl stellen
◆ Käseplatte vorbereiten, kühl stellen
◆ Brot schneiden
◆ Lachstürmchen zubereiten

Wenn die Gäste da sind

Aperitif und Lachstürmchen anbieten
Brunnenkresse-Rucola-Salat mit dem Dressing mischen
Desserts später zusammen servieren

Haben Sie an alles gedacht?

Haben Sie eine Muffinform für die Kräuter-Frittata?
Sind genügend Dessertschalen und Dessertgläschen
vorhanden? Liegt der Eisportionierer bereit?

Fingerfood-Büfett

für 25 Personen

Ein Süppchen aus der Tasse oder dem Glas bildet den Auftakt zu einem kalten Büfett mit internationalen Snacks. Alles ist aus der Hand zu essen, eignet sich also gut für Ihre Stehparty.

Das gibt es zu essen

Prosecco-Schaumsüppchen (168, x 3)
Pikante Muffins (101, x 2)
Profiteroles mit Forellencreme (155, x 3)
Kichererbsen-Sesam-Rauten (117, x 2)
Orangen-Tahina-Dip (117 Variante, x 2)
Schafkäse-Ingwer-Täschchen (115 Variante, x 2)
Canapés mit Filetschnitzelchen (177)
Chicoréeblätter mit Grapefruit-Enten-Salat (52, x 2)
Smörrebröd mit Serranoschinken statt Elchschinken
   (126, x 3)
Häppchen mit Tapenade und Ziegenkäse
   (167, Variante, x 2)
Pfirsich-Mandel-Creme (119, x 2)
Exotische Früchte mit Würzzucker (57)

Das brauchen Sie zusätzlich

2 Baguettes (für die Canapés mit Filetschnitzelchen)
Butter, 25 Kapernäpfel (aus dem Glas)
5–6 Fladenbrote (aus dem türkischen Laden)

Das gibt es zu trinken

Als Aperitif Granatapfel-Cocktail (164)
Weißwein (Grauburgunder)
Rotwein (Rioja oder Navarra)
Wasser, Erfrischungsgetränk (z. B. Bionade)

1 Tag vorher

◆ Die Brühe für das Prosecco-Schaumsüppchen
   vorbereiten (bis Step 2)
◆ 25 Pikante Muffins backen, abgekühlt in ein Tuch
   einschlagen und beiseitelegen
◆ 25 Profiteroles backen (noch nicht füllen),
   in Blechdosen aufbewahren
◆ Orangen-Tahina-Dip zubereiten, kühl stellen
◆ Würzzucker herstellen, in Schraubgläser füllen

Am Festtag

◆ Pfirsich-Mandel-Creme zubereiten, kühl stellen
◆ Schafkäse-Ingwer-Täschchen zubereiten und backen,
   beiseitestellen
◆ Kichererbsen-Sesam-Rauten backen
◆ Grapefruit-Enten-Salat zubereiten, kühl stellen
◆ Filetschnitzelchen braten, abkühlen lassen
◆ Forellencreme zubereiten, Profiteroles damit füllen
◆ Baguettes in 25 Scheiben schneiden, buttern, mit je
   1 Filetschnitzelchen belegen und 1 Kapernapfel mit
   einem Holzspießchen daraufstecken
◆ Smörrebröd zubereiten, zugedeckt beiseitestellen
◆ Häppchen mit Tapenade und Ziegenkäse zubereiten
◆ Grapefruit-Enten-Salat in die Chicoréeblätter füllen
◆ Exotische Früchte vorbereiten

Wenn die Gäste da sind

◆ Aperitif mit Schafkäse-Ingwer-Täschchen servieren
◆ Fladenbrot aufbacken, in Stücke schneiden
◆ Prosecco-Schaumsüppchen fertigstellen, in Suppen-
   tassen, Tassen oder Gläser verteilen und servieren
◆ Desserts später servieren

Haben Sie an alles gedacht?

Suppentassen ausleihen? Papierförmchen mit festem Rand für die Muffins (sie können darin auf einer Platte angerichtet werden)? Holzspießchen für die Canapés mit Filetschnitzelchen?

Kaltes Büfett

für 30 Personen

Kombinieren Sie fertig Gekauftes mit Gerichten aus diesem Buch – so bekommen Sie das Büfett für die kühlere Jahreszeit und 30 Personen gut hin.

Das gibt es zu essen

Ziegenkäse-Croûtons (167, x 2)
Kürbiscremesuppe mit Kürbiskernöl (139, x 2)
Torteletts mit drei Füllungen (175, jeweils x 3)
Gebeizter Lachs (129, x 2)
Limetten-Senf-Dip (129, x 2)
Roastbeef (51 Variante, siehe unten)
Preiselbeer-Dip (125, x 2)
Granatapfel-Gurken-Platte (111, x 2)
Blaukraut-Cranberry-Salat (140, x 2)
Chicorée-Mandarinen-Salat (177, x 3)
Käsebrett mit Früchten und Nüssen
    (11, 3 kg Käse + 3 kg Früchte + 300 g Nüsse)
Gemischtes Eis mit Baileys (fertig gekauft)

Das brauchen Sie zusätzlich

2,5 kg Baguette
Kürbiskernöl als Topping für die Suppe
je 2 l Schokoladen-, Vanille- und Walnusseis
2 Flaschen Baileys (Likör)
Hohlhippen oder Waffelröllchen als Deko

Das gibt es zu trinken

Als Aperitif trockenen Sekt mit einem Schuss Johannis-
    beerlikör (Cassis), dazu Ziegenkäse-Croûtons
Weißwein (Pinot Grigio), Rotwein (Shiraz)
Wasser, Johannisbeersaft, Holunderlimonade

2 Tage vorher

◆ 2 Lachsseiten beizen, kühl stellen (bis Step 2)
◆ 2 kg Roastbeef zubereiten (ohne Thai-Remoulade und statt mit der Asia-Marinade nur mit Salz und Pfeffer würzen und mit 2 EL Dijon-Senf einreiben; wie auf Seite 51 beschrieben anbraten und bei Niedrigtempe-ratur garen – Garzeit bleibt gleich), abgekühlt fest in Alufolie wickeln und in den Kühlschrank legen

1 Tag vorher

◆ Kürbiscremesuppe zubereiten, kühl stellen
◆ Limetten-Senf-Dip zubereiten, kühl stellen
◆ Blaukraut-Cranberry-Salat zubereiten, kühl stellen

Am Festtag

◆ Füllungen für die Torteletts vorbereiten, kühl stellen
◆ Preiselbeer-Dip zubereiten, kühl stellen
◆ Granatapfel-Gurken-Platte zubereiten (bei Platz-mangel alles als Salat in einer Schüssel präsentieren)
◆ Chicorée-Mandarinen-Salat vorbereiten (Dressing und Mandeln noch separat)
◆ Käsebrett mit Früchten und Nüssen vorbereiten (dazu ein Küchenbrett mit Alufolie verkleiden, die Käsestücke mit Abstand darauf anrichten, die Früchte in mundgerechten Stücken dazwischen verteilen und die Nüsse dazwischenstreuen), kühl stellen
◆ Ziegenkäse-Croûtons vorbereiten
◆ Torteletts auf Platten verteilen und füllen
◆ Gebeizten Lachs fertigstellen, auf einem Brett anrichten und mit dem Limetten-Senf-Dip aufs Büfett stellen (eventuell erst 1 Seite und, wenn die abgegessen ist, die zweite holen)
◆ Roastbeef aufschneiden, mit Preiselbeer-Dip anrichten

Wenn die Gäste da sind

◆ Chicorée-Mandarinen-Salat mit dem Dressing und den Mandeln mischen
◆ Ziegenkäse-Croûtons in den Ofen schieben und über-backen, warm zum Aperitif servieren
◆ Kürbiscremesuppe aufwärmen, in Tassen oder Gläser füllen und jeweils mit 1 TL Kürbiskernöl beträufeln
◆ Später das Käsebrett auftragen
◆ Eis portionieren, nach Wunsch etwas Baileys und je 1 Hohlhippe oder 1 Waffelröllchen darübergeben

So geht's schneller

Statt den Lachs selber zu beizen, kaufen Sie 2 kg Räu-cherlachs und servieren dazu fertig gekauften Sahne-meerrettich (aus dem Glas). Auch das Roastbeef müssen Sie nicht selber machen: Bestellen Sie 1,5 g Roastbeef in Scheiben (beim Metzger, er wird es Ihnen auf Wunsch als Platte anrichten); machen Sie den Dip dazu frisch. Wem das zu teuer ist, der kann ersatzweise auch eine Schinkenplatte vorbereiten: 400 g luftgetrockneten Schinken (Parma, San Daniele, Serrano), mit 600 g ge-kochtem Schinken und 400 g geräucherter Putenbrust auf Platten anrichten und mit Cornichons (Mini-Gürk-chen) und Cocktailtomaten garnieren.

Haben Sie an alles gedacht?

Sind Gläschen oder Tassen für die Suppe vorhanden? Besteck (Kaffeelöffel für die Suppe und Gabeln für alles Übrige)? Gibt es genügend Platten und Schüsseln? Dessertschälchen und Eisportionierer?

Wissenswertes zur Organisation und Planung

Für ein Fest mit vielen Gästen gibt es viel zu tun. Gut organisiert wird's ein voller Erfolg!

Wo wird gefeiert?

Ein Fest in großer Runde können Sie vermutlich nicht zu Hause feiern. Im Sommer ist ein Gartenfest die beste Lösung: Wenn Sie dort ein Zelt aufbauen (Adressen von Zeltverleihern finden Sie in den Gelben Seiten oder im Internet), sind Sie sogar einigermaßen wetterunabhängig. Sie haben keinen Garten oder Ihr Fest soll im November stattfinden? Wenn Sie nicht schon einen geeigneten Raum im Auge haben, hören Sie sich mal in Ihrer Umgebung um: Sportvereine, soziale Begegnungsstätten und Pfarrheime bieten oft entsprechende Räume zur Miete an.

Tische und Stühle sind vorhanden, dazu oft auch eine Küche, in der Sie letzte Hand ans Büfett legen können. Dort können Sie Ihr Essen und die Getränke selber mitbringen. In Gaststätten geht das nicht.

Achten Sie bei der Auswahl unbedingt auf die Größe und wählen Sie lieber einen kuschelig kleinen als einen zu großen Raum. Platz für eine kleine Tanzfläche ist prima. Ein Saal für 50, in dem sich Ihre 25 Gäste verlieren, kann ungemütlich sein. Kümmern Sie sich frühzeitig (ca. 2 Monate vorher) darum. Gute Partyräume sind rar und zu begehrten Terminen schnell ausgebucht!

Geschirr, Besteck und Gläser

Bei manchen dieser Miеträume sind Geschirr, Gläser und Besteck vorhanden. Falls nicht (oder nur in einer Qualität, die Ihnen nicht zusagt), bestellen Sie das Nötige beim Geschirrverleih (Gelbe Seiten oder Internet). Die Leihfristen betragen jeweils 3 Tage, sodass Sie alles am Vortag abholen und am Tag nach dem Fest zurückbringen können. Dort bekommen Sie auch Warmhaltevorrichtungen, große Platten und vieles mehr. Gegen Aufpreis können Sie alles schmutzig zurückgeben, das erspart Ihnen das Spülen nach dem Fest.

Brauchen Sie Hilfe?

Wenn Sie kein Profi sind, dann ja, ja, ja! Vielleicht übernimmt jemand aus Ihrem Freundeskreis die Dekoration des Raumes? Jemand anderer kann am Vortag das Geschirr vom Verleih abholen? Super! Nehmen Sie jede Hilfe an, die Sie bekommen können! Verteilen Sie auch die Büfettvorbereitung auf mehrere Schultern. Sei es, dass Sie sich bestimmte Gerichte als Mitbringsel wünschen oder, dass die Freiwilligen bei Ihnen zu Hause mit anpacken. (Aber wünschen Sie gezielt: einen bestimmten Gemüsekuchen, einen Salat oder ein Dessert – etwas, das Ihr Gast besonders gut kann. So behalten Sie den Gesamtüberblick und Ihr Büfett bietet von allem etwas.) Bei mehr als 20 Gästen kann eine Servicekraft für das Fest sinnvoll sein. Sie können sich ganz auf Ihre Gäste konzentrieren und selber entspannt mitfeiern. Die Hilfe kümmert sich um den Getränkenachschub, räumt die leeren Teller weg und hat ein Auge aufs Büfett. Vielleicht kennen Sie einen Studenten/eine Studentin, die sich damit etwas Geld verdienen möchten?

Unterhaltung

Musik bereichert jedes Fest. Ob vom Band oder live ist Geschmacks- und natürlich eine Kostenfrage. Vielleicht haben Sie einen guten Hobbykünstler im Bekanntenkreis? Oder jemand der die Anlage installiert und für den Abend die Rolle des DJs übernimmt? Wenn nicht, recherchieren Sie im Internet nach aufstrebenden Talenten. In der Großstadt lohnt sich der Gang durch die Fußgängerzone. Die Straßenmusiker treffen vielleicht Ihren Musikgeschmack? Dann fragen Sie doch nach, ob sie auf Ihrem Festen spielen würden.

Ihre Familie und Freunde sind festerprobt und werden Sie mit einer Showeinlage oder Festrede beehren? Dann planen Sie Zeit dafür ein. Gleich nach den Vorspeisen oder vor dem Dessert ist eine gute Zeit dafür.

Suche im Internet

Sie brauchen ein Zelt oder Geschirr und Gläser? Dann geben Sie die Begriffe »Zeltverleih« und Ihren Wohnort in eine Suchmaschine (Google, Yahoo) ein. Einen DJ oder eine Band finden Sie über »Musik« + »live« + Wohnort. Viel Glück!

Rezeptregister

Sachregister

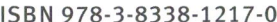

Impressum

Die Autorinnen

Margit Proebst arbeitet seit 1999 als freie Kochbuchautorin und Foodstylistin. Daneben betrieb sie über viele Jahre einen kleinen Catering-Service. Hunderte von Büfetts hat sie in dieser Zeit gemeistert. Wer also weiß besser als sie, wie man ein Festbüfett perfekt und stressfrei organisiert? **Christa Schmedes** arbeitet seit vielen Jahren für namhafte Zeitschriften- und Buchverlage und als Stylistin in den Studios bekannter Foodfotografen. Seit 1993 schreibt sie als freie Autorin Bücher zum Thema Kochen, Backen und Genießen. Ihre besondere Stärke dabei ist es, mit wenigen Zutaten immer wieder neue Rezepte zu entwickeln.

Beide Autorinnen leben in München. Sie lieben es, schöne Feste auszurichten und ihre Familien, Freunde und Kollegen regelmäßig kulinarisch zu verwöhnen. Ihre langjährigen Erfahrungen als geübte Gastgeberinnen geben Sie mit diesem Buch an Sie weiter und wünschen Ihnen gelungene Feste und glückliche Gäste!

Der Fotograf

Klaus-Maria Einwanger macht als Foodartfactory mit Leidenschaft aus Essen Kunst. Er setzt Foodthemen in Lifestyle um und schafft eine Atmosphäre, die Lust auf mehr macht. Die stimmungsvollen Bilder entstehen in seinen Studios im Münchner Süden und in London.
Unterstützt wurde er von Monika Schuster und Anka Köhler, die für das Foodstyling verantwortlich waren. Rund um Ausstattung und Styling bewies Alexandra Holzer ihr Können. Fotoassistenten waren Sandra Mayer, Toni Maier und Max Wohllaib. Ein herzliches Dankeschön auch an alle anderen, die dem Team außerdem tatkräftig zur Seite standen.

© 2009 GRÄFE UND UNZER VERLAG GmbH, München. Alle Rechte vorbehalten. Nachdruck, auch auszugsweise, sowie Verbreitung durch Film, Funk, Fernsehen und Internet, durch fotomechanische Wiedergabe, Tonträger und Datenverarbeitungssysteme jeglicher Art nur mit schriftlicher Genehmigung des Verlags.

Programmleitung:
Doris Schmalhofer-Birk

Leitende Redakteurin:
Birgit Rademacker

Redaktion: Tanja Dusy

Lektorat: Maryna Zimdars, Redaktionsbüro München

Layout, Typografie und Umschlaggestaltung: independent Medien-Design, München

Herstellung: Petra Roth

Satz: Knipping Werbung GmbH, Berg bei Starnberg

Reproduktion: Longo AG, Bozen

Druck: Firmengruppe APPL, aprinta druck, Wemding

Bindung: Conzella, Pfarrkirchen

Bildnachweis: Klaus-Maria Einwanger, Rosenheim

ISBN 978-3-8338-1580-5

1. Auflage 2009

Ein Unternehmen der
GANSKE VERLAGSGRUPPE